Junior Level Workbook– Level Three
A Comprehensive and Systematic Program of Arabic Studies

IQRA'
Arabic
Reader
3

Fadel Ibrahim Abdallah

IQRA' International Educational Foundation

**Part of a Comprehensive
and Systematic Program
of Arabic Studies**

**Program of
Arabic Studies**

IQRA' Arabic Reader Textbook
Level 3, Junior
Third in a series of six graded
Workbooks.

Chief Program Editors:

Abidullah al-Ansari Ghazi
Ph.D. History of Religion, Harvard

Tasneema Khatoon Ghazi
Ph.D. Curriculum and Reading,
University of Minnesota

Field Testing:

Sabrin Keswani
MCC School, Chicago

Khalil Tahrawi
Instructor of Arabic at
Saudi Islamic Academy,
Washington D.C

Design:

Jennifer Mazzoni
B.A. Illustration, Columbia College
Chicago

**Reviewers & Language
Editors:**

Assad N. Busool
Prof. of Arabic at AIC, Chicago

Khalil Tahrawi
Instructor of Arabic at
Saudi Islamic Academy,
Washington D.C.

Language Editors:

Assad N. Busool
Prof. of Arabic at AIC, Chicago

Khalil Tahrawi
Instructor of Arabic at
Saudi Islamic Academy,
Washington D.C.

Kwaja Moinul Hassan
Ph.D.English Literature
Purdue University

Arabic Typesetting:

Randa Zaiter

Send Your Comments to:
IQRA' International Educational Foundation
7450 Skokie Blvd.
Skoikie Illinois 60077

The Author's Introduction and Instructions to the Teachers

This <u>Workbook</u> is designed to be a companion to the Textbook, <u>IQRA' Arabic Reader</u>, <u>Level Three</u>. This Workbook must be considered as an integral part of the Textbook, without which the learning process will be incomplete. It is designed to be an exercise and activity book which complements and reinforces what the student learns from the Textbook.

However, while the exercises of the textbook are intended basically to reinforce the oral aspects of the language, those of the workbook are further devoted to writing, coloring and drawing activities. This important learning tool not only will help the student master the material learned from the Textbook, but will also help him / her develop better study and comprehension skills. It will also facilitate better conceptualization of the information gained from the Textbook. These exercises are designed to develop critical and creative thinking and analytical skills.

Through field-testing and feed-back, it was found that the students greatly enjoyed working with this workbook, and have found the exercises and activities contained herein engaging, relevant and enriching.

When working with the excercises of both the textbook and workbook, it is recommended that the teacher cover first all the exercises of the textbook in the class, then move on to cover the exercises of the workbook in the classroom setting also. However, some of the exercises in the workbook, could be assigned as homework. It is important to go over these in the class again and have the students make their own corrections of the mistakes of the homework.

It is important that the teacher spends with the workbook as much time as that spent in working with the textbook. Each of the textbook and workbook contains 15 lessons, the total of which makes 30 learning units to be covered in a full year within a full-time school setting.

The author of these books believes that communication between him and the teachers involved in teaching them, will be greatly beneficial for future revisions and improvements of these books. Therefore, we urge all concerned teachers to keep in touch and send us their written comments, suggestions for improvement and feed-back.

Fadel Ibrahim Abdallah

Shawwal 1415 / March 1995

IQRA' NOTE TO TEACHERS AND PARENTS

We are pleased to introduce this <u>Workbook</u> as a companion to the Textbook, <u>IQRA' Arabic Reader</u>, <u>Level Three</u>. This Workbook must be considered as an integral part of the Textbook, without which the learning process will be incomplete. This important learning tool will provide the students with the following learning advantages:

1. It will help the student master the material learned from the Textbook through the process of reinforcement.
2. It will help the student in developing better study and comprehension skills.
3. It will help the student in better conceptualization of the knowledge gained from the Textbook.
4. It will help the student develop creative and critical thinking skills as well as inference insight.
5. It provides extra writing drills and activities which are not included in the Textbook.
6. It contains sections of Qur'anic examples which will further facilitate and enhance the student's more in depth study of the Holy Qur'an in future.

We sincerely hope that students, parents and teachers will find the exercises and activities contained herein engaging, relevant, and enriching. Through field-testing and feed-back, it was found that the learners have enjoyed and greatly benefited from the workbooks which accompany the textbooks.

We hope and pray to Allah (SWT) that every student will enjoy learning the language of the Holy Qur'an through these textbooks and workbooks which are designed with great difference to the levels and needs of our precious children.

We urge you to keep in touch and send us your written comments, suggestions and feed-back.

Chief Program Editors

Safar 1415 / July 1995

كِتَابُ ٱلتَّدْرِيبَاتِ

لِكِتَابِ ٱقْرَأْ

فِي

ٱلقِرَاءَةِ ٱلعَرَبِيَّةِ

المستوىٰ الثالث

فضل إبراهيم عبدالله

مؤسسة أقرأ الثقافية العالمية - شيكاغو

اَلدَّرْسُ ٱلْأَوَّلُ

اَلتَّدْرِيبُ ٱلْأَوَّلُ : صِلُوا بَيْنَ عِبَارَاتِ ٱلْمَجْمُوعَةِ (أ) وَمَا يُنَاسِبُهَا مِنْ عِبَارَاتِ ٱلْمَجْمُوعَةِ (ب) لِتَكْوِينِ جُمَلٍ مُفِيدَةٍ :

<u>Match</u> the phrases from the right column with those which correspond to them from the left column to make full meaningful sentences:

(ب)   (أ)

لِأَرَى ٱلْأَزْهَارَ وَٱلْأَشْجَارَ .   ١- سَأَذْهَبُ إِلَى ٱلسُّوقِ ...

لِأَحْلِبَ ٱلْبَقَرَةَ وَأَجْمَعَ ٱلْبَيْضَ .   ٢- سَأَذْهَبُ إِلَى ٱلْمَسْجِدِ ...

لِأَقْرَأَ كِتَاباً .   ٣- سَأَذْهَبُ إِلَى ٱلْبُحَيْرَةِ ...

لِأَشْتَرِيَ حَقِيبَةً لِلْكُتُبِ .   ٤- سَأَذْهَبُ إِلَى ٱلْمَلْعَبِ ...

لِأُنْشِدَ ٱلْأَنَاشِيدَ مَعَ ٱلْكَشَّافَةِ .   ٥- سَأَذْهَبُ إِلَى ٱلْمَدْرَسَةِ ...

لِأُصَلِّيَ صَلَاةَ ٱلْجُمُعَةِ .   ٦- سَأَذْهَبُ إِلَى غُرْفَتِي ...

لِأَسْبَحَ فِيهَا .   ٧- سَأَذْهَبُ إِلَى ٱلْمَزْرَعَةِ ...

لِأَلْعَبَ كُرَةَ ٱلْقَدَمِ .   ٨- سَأَذْهَبُ إِلَى ٱلْمَكْتَبَةِ ...

لِأَتَعَلَّمَ ٱللُّغَةَ ٱلْعَرَبِيَّةَ .   ٩- سَأَذْهَبُ إِلَى ٱلْمُعَسْكَرِ ...

لِأَنَامَ فِي سَرِيرِي .   ١٠- سَأَذْهَبُ إِلَى ٱلْحَدِيقَةِ ...

اَلتَّدْرِيبُ ٱلثَّانِي : رَتِّبُوا ٱلْكَلِمَاتِ ٱلْآتِيَةَ لِتُصْبِحَ جُمْلَةً مُفِيدَةً ، ثُمَّ ٱكْتُبُوهَا فِي كُرَّاسَاتِكُمْ :

<u>Rearrange the order of the following words</u> to produce meaningful sentences, then write them down in your notebooks:

١- غَداً \ سَتَفْعَلُ \ مَاذَا \ خَالِدُ \ يَا ... ماذا / ستفعل غداً يا خالد .

1

٢- مَعَ \ ٱلسُّوق \ سَأَذْهَبُ \ إِلَى \ أُسْرَتِي ›››

٣- ٱلسُّوق \ مَاذَا \ مِنْ \ سَتَشْتَرِي ›››

٤- إِلَى \ أَوَّلاً \ سَنَذْهَبُ \ ٱلْمَكْتَبَةِ ›››

٥- لِلْكُتُبِ \ سَأَشْتَرِي \ حَقِيبَةً ›››

٦- ٱلْمَدْرَسِيَّةَ \ هَل \ لَوَازِمَكَ \ ٱشْتَرَيْتَ ؟ ›››

٧- إِلَى \ مَعَ \ ٱلسُّوق \ ذَهَبْتُ \ وَالِدِي ›››

٨- جَدِيدَةً \ سَأَشْتَرِي \ مَلاَبِسَ ›››.

٩- مُتَشَوِّقٌ \ ٱلجَدِيدَةِ \ لِرُؤْيَةِ \ أَنَا \ دَرَّاجَتِكَ ›››

١٠- بَعْدَ \ سَأَحْضُرُ \ عَوْدَتِكُمْ \ لِزِيَارَتِكُمْ \ ٱلسُّوق \ مِنَ ›››

١١- ٱلْيَوْمِ \ مَسَاءَ \ ٱللِّقَاءِ \ إِلَى ›››

ٱلتَّدْرِيبُ ٱلثَّالِثُ : أَكْمِلُوا كَمَا فِي ٱلنَّمُوذَجِ لِلتَّدَرُّبِ عَلَى صِيَاغَةِ ٱلْفِعْلِ لِلزَّمَنِ ٱلْمُسْتَقْبَلِ :

Complete, as in the given example, to practice the conjugation of the verb to indicate future tense:

هُوَ يَذْهَبُ . ››› هُوَ سَيَذْهَبُ .

١- هُوَ يَكْتُبُ . › .... ٢- هِيَ تَقْرَأُ . › ....

٣- أَنْتَ تَعْمَلُ . › .... ٤- أَنْتِ تُصَلِّينَ . › ....

٥- أَنَا أَزُورُ . › .... ٦- هُوَ يَسْبَحُ . › ....

٧- هِيَ تَطْبُخُ . › .... ٨- أَنْتَ تَلْعَبُ . › ....

٩- أَنْتِ تَأْخُذِينَ . ‹ ....   ١٠- أَنَا أَرْكَبُ . ‹ ....

١١- هُوَ يُقَرِّرُ . ‹ ....   ١٢- هِيَ تَفْتَحُ . ‹ ....

ٱلتَّدْرِيبُ ٱلرَّابِعُ : امْلَؤوا ٱلفَرَاغَاتِ فِي ٱلجُمَلِ ٱلتَّالِيَةِ بِٱلْكَلِمَةِ ٱلْمُنَاسِبَةِ مِنْ بَيْنِ ٱلْكَلِمَاتِ ٱلْمَوْضُوعَةِ بَيْنَ قَوْسَيْنِ :

Fill in the blanks of the following sentences with the appropriate word from those given in parenthesis :

١٥/١٥

١- مَاذَا سَتَفْعَلُ ....غداً.... يَا خَالِدُ ؟ (أَمْسِ \ صَبَاحَ \ غَداً)

٢- سَأَذْهَبُ فِي ٱلصَّبَاحِ ....إلى.... ٱلسُّوقِ . (مِنْ \ فِي \ إِلَى)

٣- ذَهَبْتُ إِلَى ٱلسُّوقِ ....أمس.... . (غَداً \ أَمْسِ \ ٱلأُسْبُوعَ ٱلْقَادِمَ)

٤- اِشْتَرَى لِي وَالِدِي دَرَّاجَةً ....جديدةً.... . (مُقَرَّرَةً \ جَدِيدَةً \ جَدِيداً)

٥- سَأَحْضُرُ لِزِيَارَتِكَ ....غداً.... . (غَداً \ ٱلأُسْبُوعَ ٱلْمَاضِي \ أَمْسِ)

٦- سَأَشْتَرِي بَعْضَ عُلَبِ ....التلوين.... . (ٱلدَّفَاتِرِ \ ٱلتَّلْوِينِ \ ٱلْكُتُبِ)

٧- إِلَى ٱللِّقَاءِ مَسَاءَ ....اليوم.... . (أَمْسِ \ ٱلأُسْبُوعِ ٱلْمَاضِي \ ٱلْيَوْمِ)

٨- هَلِ ....اشتريتَ.... لَوَازِمَكَ ؟ (ٱشْتَرَيْتُ \ ٱشْتَرَيْتَ \ ٱشْتَرَيْتِ)

٩- قَرَأْتُ ٱلدَّرْسَ ....الأوّل.... . (ٱلأُولَى \ ٱلأَوَّلَ \ ٱلْكُتُبُ)

١٠- وَ ....قد.... ٱشْتَرَتْ لِي وَالِدَتِي بَعْضَ ٱلْمَلاَبِسِ . (أَنْ \ مَعَ \ قَدْ)

QUR'ANIC EXAMPLES .... تَطْبِيقَاتٌ قُرْآنِيَّةٌ

١- ﴿ سَيَعْلَمُونَ غَداً مَّنِ ٱلْكَذَّابُ ٱلْأَشِرُ ﴾ (ٱلْقَمَر : ٢٦)

سيعلمون غدا من الكذاب الأشر

٢- ﴿ إِنَّ ٱللَّهَ ٱشْتَرَىٰ مِنَ ٱلْمُؤْمِنِينَ أَنْفُسَهُمْ وَأَمْوَالَهُمْ ... ﴾ (ٱلتَّوْبَة: ١١١)

إن الله اشترى من المؤمنين أنفسهم وأموالهم

❋ ❋ ❋

Allah = God .... ٱللَّهَ	They will know .... سَيَعْلَمُونَ
He purchased .... ٱشْتَرَىٰ	Tomorrow .... غَداً
From .... مِنَ	Who .... مَنِ
The Believers .... ٱلْمُؤْمِنِينَ	The liar .... ٱلْكَذَّابُ
Their persons .... أَنْفُسَهُمْ	The insolent one .... ٱلْأَشِرُ
And their wealth .... وَأَمْوَالَهُمْ	Surely, indeed .... إِنَّ

❋ ❋ ❋

Instructions:

1. Listen to your teacher read the above 'Ayat aloud and repeat after him \ her (3 times at least) .

2. Write down the 'Ayat on the dotted spaces underneath them .

3. Study the meanings of the listed vocabulary contained in the 'Ayat .

4. Underline the words or phrases of the above 'Ayat which correspond to those you studied in the text of the lesson in the Textbook (pp. 2-3) .

5. Translate the 'Ayat into English (*Collective Activity*) .

In this section of the book, we will continue studying the rest of the
BEAUTIFUL NAMES OF ALLAH أَسْمَاءُ ٱللَّهِ ٱلْحُسْنَىٰ which we have

started in Level Two Workbook.

Instructions:

1. The teacher will read these Beautiful Names aloud in the classroom while
   the students repeat after him / her for at least three times.
2. The students will trace-color the words in hollow letters, then copy each
   name five times on the dotted lines.
3. The student will learn the English meaning of each of these Beautiful
   Names and tries to memorize it .

....

....

....

....

The Finder, * The Self-Subsisting.   * The Alive, * The Creator of Death.
The Revealer.   The Ever-Living.

اَلدَّرْسُ اَلثَّانِي

اَلتَّدْرِيبُ اَلأَوَّلُ : صِلُوا بَيْنَ عِبَارَاتِ اَلْمَجْمُوعَةِ (أ) وَمَا يُنَاسِبُهَا مِنْ عِبَارَاتِ اَلْمَجْمُوعَةِ (ب) لِتَكْوِينِ جُمَلٍ مُفِيدَةٍ :

Match the phrases from the right column with those which correspond to them from the left column to form full meaningful sentences:

(أ)	(ب)
١- مَدْرَسَتُنَا جَمِيلَةٌ....	مِثْلَهُ حِكَايَاتٍ جَمِيلَةً لِأَهْلِنَا وَأَصْدِقَائِنَا .
٢- نَحْنُ نُحِبُّ مَدْرَسَتَنَا...	اَلْقِرَاءَةَ وَالْكِتَابَةَ وَالْحِسَابَ وَالْعُلُومَ .
٣- نَعُودُ مِنَ الْمَدْرَسَةِ...	رِيَاضِيَّةً تَنْفَعُنَا وَتُقَوِّي أَجْسَامَنَا .
٤- نَذْهَبُ إِلَى الْمَدْرَسَةِ...	وَنَظِيفَةٌ وَكَبِيرَةٌ .
٥- فِي مَدْرَسَتِنَا نَتَعَلَّمُ...	بَعْدَ الظُّهْرِ.
٦- فِي مَدْرَسَتِنَا نَلْعَبُ أَلْعَابًا...	لَنَا الدُّرُوسَ .
٧- اَلْمُعَلِّمُ يَشْرَحُ...	نُحِبُّهَا جَمِيلَةً ... نُحِبُّهَا نَظِيفَةً .
٨- وَنَحْنُ نَسْمَعُ وَنَفْهَمُ وَنَحْكِي...	لِنَتَعَلَّمَ .

اَلتَّدْرِيبُ اَلثَّانِي : اِخْتَارُوا مِنَ اَلْكَلِمَاتِ دَاخِلَ اَلشَّكْلِ مَا يُنَاسِبُ لِمَلْءِ كُلِّ فَرَاغٍ فِي اَلْجُمَلِ اَلتَّالِيَةِ لِتَكْوِينِ جُمَلٍ اسْمِيَّةٍ مِنْ مُبْتَدَأٍ وَخَبَرٍ ، لَاحِظُوا اَلْمِثَالَ :

From among the words given in the box below, select the one most suitable to fill in the blank in each of the following sentences, so as to form an equational sentence with subject and predicate:

مَدْرَسَتُنَا - نَظِيفَةٌ - حَمْرَاءُ - أُخْتِي - صَدِيقِي - إِخْوَتِي - كَبِيرٌ - أَبْيَضُ - مُهَاجِرٌ - ضَرُورِيٌّ - حَمْرَاءُ .

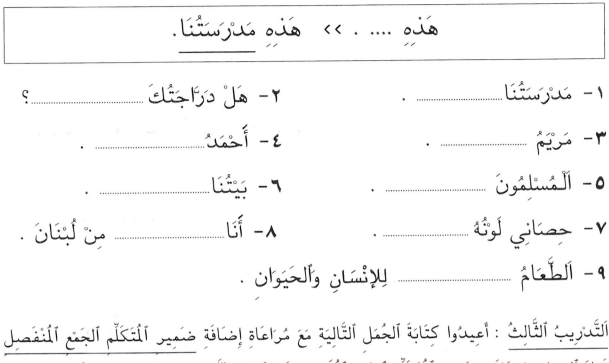

هَذِهِ .... . << هَذِهِ مَدْرَسَتُنَا .

١- مَدْرَسَتُنَا ....   ٢- هَلْ دَرَّاجَتُكَ .... ؟

٣- مَرْيَمُ ....   ٤- أَحْمَدُ ....

٥- اَلْمُسْلِمُونَ ....   ٦- بَيْتُنَا ....

٧- حِصَانِي لَوْنُهُ ....   ٨- أَنَا .... مِنْ لُبْنَانَ .

٩- اَلطَّعَامُ .... لِلإِنْسَانِ وَالْحَيَوَانِ .

اَلتَّدْرِيبُ اَلثَّالِثُ : أَعِيدُوا كِتَابَةَ اَلْجُمَلِ اَلتَّالِيَةِ مَعَ مُرَاعَاةِ إِضَافَةِ ضَمِيرِ اَلْمُتَكَلِّمِ اَلْجَمْعِ اَلْمُنْفَصِلِ قَبْلَ اَلْفِعْلِ وَإِضَافَةِ ضَمِيرِ اَلْمُتَكَلِّمِ اَلْجَمْعِ اَلْمُتَّصِلِ إِلَى اَلاسْمِ اَلَّذِي يَتْبَعُ اَلْفِعْلَ بَدَلاً مِنْ أَلْ اَلتَّعْرِيفِ : لاحِظُوا اَلْمِثَالَ :

Following the given example, rewrite the following sentences. Take into consideration adding the first person plural independent pronoun before the verb and adding its attached (suffixed) form to the noun following the verb to replace the Definite Article (ال) :

نُحِبُّ اَلْمَدْرَسَةَ . > نَحْنُ نُحِبُّ مَدْرَسَتَنَا .

١- نُقَوِّي اَلأَجْسَامَ . > ....

٢- نَذْهَبُ إِلَى اَلْحَدِيقَةِ . > ....

٣- نَفْهَمُ اَلدُّرُوسَ . > ....

٤- نَلْبَسُ اَلْمَلابِسَ اَلْجَدِيدَةَ . > ....

٥- نَشْتَرِي اَللَّوَازِمَ مِنَ اَلسُّوقِ . > ....

٦- نَقْرَأُ ٱلْكُتُبَ فِي ٱلْمَسَاءِ . ‹ ....

٧- نَأْكُلُ ٱلطَّعَامَ بَعْدَ ٱلْعِشَاءِ . ‹ ....

٨- نَزُورُ ٱلْجَدَّةَ كُلَّ أُسْبُوعٍ . ‹ ....

٩- نُنْشِدُ ٱلْأَنَاشِيدَ كُلَّ يَوْمٍ . ‹ ....

١٠- نُصَلِّي ٱلصَّلَاةَ خَمْسَ مَرَّاتٍ فِي ٱلْيَوْمِ . ‹ ....

....

ٱلتَّدْرِيبُ ٱلرَّابِعُ : أَعِيدُوا كِتَابَةَ ٱلْجُمَلِ ٱلتَّالِيَةِ مُرَاعِينَ تَحْوِيلَ ٱلْأَفْعَالِ ٱلَّتِي تَحْتَهَا خَطٌّ مِنَ ٱلْمُتَكَلِّمِ ٱلْمُفْرَدِ إِلَى ٱلْمُتَكَلِّمِ ٱلْجَمْعِ كَمَا فِي ٱلْمِثَالِ :

Following the given example, rewrite each of the following sentences changing the underlined verb conjugation from first person singular to first person plural:

أُحِبُّ ٱلطَّعَامَ وَٱلشَّرَابَ . ‹ نُحِبُّ ٱلطَّعَامَ وَٱلشَّرَابَ .

١- أَذْهَبُ إِلَى ٱلْمَدْرَسَةِ فِي ٱلصَّبَاحِ . ‹ ....

٢- أَسْمَعُ حِكَايَاتٍ جَمِيلَةً . ‹ ....

٣- أَلْعَبُ أَلْعَابًا رِيَاضِيَّةً فِي ٱلْمَدْرَسَةِ . ‹ ....

٤- أَعُودُ مِنَ ٱلْمَدْرَسَةِ بَعْدَ ٱلظُّهْرِ . ‹ ....

٥- أَسْمَعُ وَأَفْهَمُ شَرْحَ ٱلْمُدَرِّسِ . ‹ ....

٦- أُصَلِّي فِي ٱلْمَسْجِدِ كُلَّ يَوْمٍ . ‹ ....

٧- أَرْكَبُ ٱلسَّيَّارَةَ إِلَى ٱلْمَدْرَسَةِ . ‹ ....

٨- أَقْرَأُ وَأَكْتُبُ دُرُوسِي كُلَّ يَوْمٍ . ‹ ....

٩- أُساعِدُ جَدّي وَجَدَّتي في أَعْمالِ ٱلْمَزْرَعَةِ . ›...

١٠- في ٱلْمَدْرَسَةِ أَتَعَلَّمُ ٱلْقِراءَةَ وَٱلْكِتابَةَ وَٱلحِسابَ وَٱلعُلُومَ . ›...

....

التَّدْريبُ ٱلخامِسُ : تَحْتَوي كُلُّ جُمْلَةٍ مِنَ ٱلجُمَلِ ٱلتّالِيَةِ عَلَى مَفْعُولٍ بِهِ لِلْفِعْلِ ٱلْمُتَعَدّي ٱلَّذي تَحْتَهُ خَطٌّ . عَيِّنِ ٱلْمَفْعُولَ بِهِ في كُلِّ جُمْلَةٍ بِوَضْعِ خَطَّيْنِ تَحْتَهُ كَما في ٱلْمِثالِ :

Each of the following sentences contains a direct object for the underlined transitive verb. Please identify the object of the verb by underlining it twice as is the given example:

في مَدْرَسَتِنا نَتَعَلَّمُ ٱلقِراءَةَ .

١- نَحْنُ نَحْكي مِثْلَهُ حِكاياتٍ جَميلَةً .

٢- هَلْ تُحِبُّونَ ٱلْمَدْرَسَةَ ؟

٣- نَحْنُ نُحِبُّ مَدْرَسَتَنا.

٤- اَلْمُعَلِّمُ يَشْرَحُ لَنا ٱلدُّرُوسَ .

٥- في مَدْرَسَتِنا نَتَعَلَّمُ ٱلحِسابَ .

٦- أَنا أُحِبُّ ٱلفاكِهَةَ وَأُخْتي تُحِبُّ ٱلخُضارَ .

٧- سَأَشْتَري حَقيبَةً لِلْكُتُبِ .

٨- اِشْتَرىٰ لي أَبي دَرّاجَةً جَديدَةً .

٩- تَطْبُخُ لَنا أُمّي طَعاماً طَيِّباً .

١٠- تَأْكُلُ أُخْتي تُفّاحَةً .

١١- أَتَعَلَّمُ ٱلحِسابَ وَٱلعُلُومَ في ٱلْمَدْرَسَةِ .

اَلتَّدْرِيبُ ٱلسَّادِسُ : أَعِيدُوا كِتَابَةَ ٱلجُمَلِ ٱلتَّالِيَةِ بِرَبْطِهَا بِوَاسِطَةِ حَرْفِ ٱلعَطْفِ (وَ) بَدَلاً مِنْ عَلاَمَةِ ٱلزَّائِدِ (+) ، كَمَا فِي ٱلمِثَالِ :

Rewrite the following structures connecting its parts by the conjunction (وَ) instead of the plus sign (+), as in the given example:

فِي مَدْرَسَتِنَا نَتَعَلَّمُ ٱلقِرَاءَةَ + ٱلكِتَابَةَ + ٱلحِسَابَ + ٱلعُلُومَ <<<
فِي مَدْرَسَتِنَا نَتَعَلَّمُ ٱلقِرَاءَةَ وَٱلكِتَابَةَ وَٱلحِسَابَ وَٱلعُلُومَ .

١- نَحْنُ نَسْمَعُ + نَفْهَمُ + نَحْكِي مِثْلَهُ حِكَايَاتٍ جَمِيلَةً .

٢- مَدْرَسَتُنَا جَمِيلَةٌ + نَظِيفَةٌ + كَبِيرَةٌ .

٣- نَذْهَبُ إِلَى مَدْرَسَتِنَا فِي ٱلصَّبَاحِ + نَعُودُ مِنْهَا بَعْدَ ٱلظُّهْرِ .

٤- فِي مَدْرَسَتِنَا نَلْعَبُ أَلْعَابًا رِيَاضِيَّةً تَنْفَعُنَا + تُقَوِّي أَجْسَامَنَا .

٥- اَلْمُعَلِّمُ يَشْرَحُ لَنَا ٱلدَّرْسَ + يَحْكِي لَنَا حِكَايَاتٍ جَمِيلَةً .

٦- سَأَشْتَرِي حَقِيبَةً لِلْكُتُبِ + بَعْضَ ٱلأَقْلاَمِ + ٱلدفَاتِرَ + عُلَبَ ٱلتَّلْوِينِ + ٱلكُتُبَ ٱلمُقَرَّرَةَ .

٧- أَنَا طَالِبٌ فِي ٱلصَّفِ ٱلخَامِسِ + أُخْتِي طَالِبَةٌ فِي ٱلصَّفِّ ٱلثَّالِثِ .

٨- أَخَذَتِ ٱلمُعَلِّمَةُ ٱلقَلَمَ + ذَهَبَتْ إِلَى ٱلصَّفِّ + قَالَتْ : لِمَنْ هَذَا ٱلقَلَمُ ؟

٩- فِي مَزْرَعَةِ جَدِّي أَبْقَارٌ + خُيُولٌ + أَرَانِبُ + دَجَاجٌ .

١٠- اشْتَرَى لِأَوْلاَدِهِ بَعْضَ ٱلثِّيَابِ + ٱلطَّعَامِ .

١١- ذَهَبْتُ إِلَى ٱلسُّوقِ + ٱشْتَرَيْتُ ثِيَاباً جَدِيدَةً .

اَلتَّدْرِيبُ ٱلسَّابِعُ : تَحْتَوِي ٱلجُمَلُ ٱلتَّالِيَةُ عَلَى تَرَاكِيبَ جَارٍّ وَمَجْرُورٍ أَوْ تَرَاكِيبَ صِفَةٍ وَمَوْصُوفٍ . ضَعُوا خَطّاً تَحْتَ كُلِّ تَرْكِيبٍ مِنْ هَذِهِ ٱلتَّرَاكِيبِ ، ثُمَّ ضَعُوا فِي نِهَايَةِ ٱلجُمْلَةِ حَرْفَ (ج) إِذَا كَانَ ٱلتَّرْكِيبُ جَاراً وَمَجْرُوراً وَحَرْفَ (ص) إِذَا كَانَ ٱلتَّرْكِيبُ صِفَةً وَمَوْصُوفًا : (أُنْظُرُوا ٱلمِثَالَ)

The following sentences contain prepositional phrases and / or noun- adjective phrases . Please identify the phrase by underlining it, then place the letter (ج) next to the phrase if it is of the first type and the letter (ص) if it is of the second type. (Follow the example and note that one sentence might contain two of the same type of structure or one or more of each) :

نَذْهَبُ إِلَى مَدْرَسَتِنَا فِي ٱلصَّبَاحِ . (ج) ، (ج)

١- نَحْنُ نَسْمَعُ وَنَفْهَمُ وَنَحْكِي مِثْلَهُ حِكَايَاتٍ جَمِيلَةً .

٢- فِي مَدْرَسَتِنَا نَلْعَبُ أَلْعَاباً رِيَاضِيَّةً .

٣- ذَهَبْتُ إِلَى ٱلسُّوقِ مَعَ وَالِدِي وَوَالِدَتِي أَمْسِ .

٤- اِشْتَرَى لِي وَالِدِي بَعْضَ ٱلْمَلَابِسِ ٱلجَدِيدَةِ .

٥- مَاذَا سَنَشْتَرِي مِنَ ٱلسُّوقِ .

٦- ذَهَبُوا إِلَى ٱلْمُعَسْكَرِ سَيْراً عَلَى ٱلأَقْدَامِ .

٧- ثُمَّ تَنَاوَلُوا طَعَامَ ٱلغَدَاءِ فِي خَيْمَةٍ كَبِيرَةٍ .

٨- اَلْمُعَسْكَرُ مَكَانٌ جَمِيلٌ يَقَعُ عَلَى شَاطِئِ بُحَيْرَةٍ جَمِيلَةٍ .

٩- تَعَالَ مَعِي إِلَى حَظِيرَةٍ قَرِيبَةٍ فَهُنَاكَ دَجَاجٌ كَثِيرٌ طَعْمُهُ لَذِيذٌ .

١٠- أَيُّهَا ٱلثَّعْلَبُ ٱلجَمِيلُ تَعَالَ مَعِي إِلَى هَذَا ٱلبَيْتِ ٱلقَرِيبِ .

QUR'ANIC EXAMPLES .... تَطْبِيقَاتٌ قُرْآنِيَّةٌ

١- ﴿ أَمْ يَحْسَبُونَ أَنَّا لاَ نَسْمَعُ سِرَّهُمْ وَنَجْوٰهُمْ ... ﴾ (الزُّخْرُف : ٨٠)

....

٢- ﴿... لِتَبْتَغُوا فَضْلاً مِنْ رَبِّكُمْ وَلِتَعْلَمُوا عَدَدَ ٱلسِّنِينَ وَٱلْحِسَابَ ... ﴾

(ٱلأَسْرَاء : ١٢)

....

* * *

Or .... أَمْ

Do they think .... يَحْسَبُونَ

That We .... أَنَّا

Do not, not .... لا

(We) hear .... نَسْمَعُ

Their secret .... سِرَّهُمْ

And their private counsels ...وَنَجْوٰهُمْ

That you may seek ....لِتَبْتَغُوا

Bounty .... فَضْلاً

From .... مِنْ

Your Lord .... رَبِّكُمْ

And that you may know .....وَلِتَعْلَمُوا

(The) number (of) .... عَدَدَ

The years .... ٱلسِّنِينَ

And count, calculation ... وَٱلْحِسَابَ

* * *

Please follow the same instructions given in Lesson One, page 4 .

Please follow the same instructions given in Lesson One, page 5.

اَلْمَاجِدُ اَلْوَاجِدُ اَلأَحَدُ اَلصَّمَدُ

اَلْمَاجِدُ اَلْوَاجِدُ اَلأَحَدُ اَلصَّمَدُ

اَلْمَاجِدُ اَلْوَاجِدُ اَلأَحَدُ اَلصَّمَدُ

The Eternal, The Impenetrable. * The One, The Only. * The Unique One. * The Nobel, The Sublime .

اَلدَّرْسُ ٱلثَّالِثُ

اَلتَّدْرِيبُ ٱلأَوَّلُ : رَتِّبُوا ٱلكَلِمَاتِ فِي كُلِّ مَجْمُوعَةٍ لِتُصْبِحَ جُمْلَةً مُفِيدَةً ، ثُمَّ ٱكْتُبُوهَا فِي كُرَّاسَاتِكُمْ :

Rearrange the order of the following words to produce meaningful sentences, then write them down in your notebooks:

١- ٱلأَلْعَابِ \ أَيَّ \ تُحِبُّونَ ؟ <<<

٢- إِلَى \ تَحَدَّثَ \ ٱلرِّيَاضَةِ \ ٱلتَّلَامِيذِ \ مُعَلِّمُ <<<

٣- وَٱلسِّبَاحَةَ \ أُحِبُّ \ ٱلْقَدَمِ \ كُرَةَ \ أَنَا <<<

٤- ٱلسِّبَاحَةَ \ أَنَا \ ٱلخَيْلِ \ أُحِبُّ \ وَرُكُوبَ <<<

٥- وَٱلجِسْمِ \ ٱلرِّيَاضَةُ \ لِلْعَقْلِ \ مُفِيدَةٌ <<<

٦- فِي \ ٱلعَقْلُ \ ٱلجِسْمِ \ ٱلسَّلِيمُ \ ٱلسَّلِيمِ <<<

٧- ٱلدَّرْسِ \ بَعْدَ \ مَا \ ٱلرِّيَاضَةَ \ أَحْسَنَ ! <<<

٨- وَقْتَ \ ٱلْمُنَظَّمُ \ يَلْعَبُ \ ٱلتِّلْمِيذُ \ ٱللَّعِبِ <<<

اَلتَّدْرِيبُ ٱلثَّانِي : ٱقْرَأُوا ٱلجُمَلَ ٱلتَّالِيَةَ قِرَاءَةً جَهْرِيَّةً ، ثُمَّ ضَعُوا خَطًّا تَحْتَ كُلِّ تَرْكِيبِ إِضَافَةٍ كَمَا فِي ٱلْمِثَالِ :

Read the following sentences aloud, then underline each *idafah* structure as in the following example :

تَحَدَّثَ مُعَلِّمُ ٱلرِّيَاضَةِ إِلَى ٱلتَّلَامِيذِ فِي دَرْسِ ٱلرِّيَاضَةِ .

١- سَامِي يُحِبُّ كُرَةَ ٱلقَدَمِ .

٢- أَنَا أُحِبُّ رُكُوبَ ٱلخَيْلِ .

٣- اَلتِّلْمِيذُ ٱلْمُنَظَّمُ يَدْرُسُ وَقْتَ ٱلدَّرْسِ .

٤- أَنَا مُتَشَوِّقٌ لِرُؤْيَةِ دَرَّاجَتِكَ .

٥- إِلَى اللِّقَاءِ مَسَاءَ الْيَوْمِ .

٦- ذَهَبْنَا إِلَى دُكَّانِ الطُّيُورِ .

٧- هٰذَا كِتَابُ الْمُعَلِّمِ .

٨- بَعْدَ ظُهْرِ يَوْمِ الْجُمُعَةِ ، أَعِدُّوا لَوَازِمَ الرِّحْلَةِ .

٩- أَتَنَاوَلُ طَعَامَ الْغَدَاءِ فِي الْمَدْرَسَةِ .

١٠- هٰذَا قَلَمُ التِّلْمِيذِ وَذٰلِكَ قَلَمُ التِّلْمِيذَةِ .

التَّدْرِيبُ الثَّالِثُ : اِمْلَئُوا الْفَرَاغَاتِ فِي الْجُمَلِ التَّالِيَةِ بِالصُّورَةِ الصَّحِيحَةِ مِنْ مُشْتَقَّاتِ الْفِعْلِ (قَالَ) الْمَوْجُودَةِ دَاخِلَ الشَّكْلِ :

Fill in the blanks in the following sentences with the correct conjugation of the verbs given in the box :

قَالَ - قَالَتْ - قُلْتَ - قُلْتِ - قُلْتُ

١- .... الْمُعَلِّمُ : هَيَّا إِلَى الْمَلْعَبِ . ٢- مَاذَا .... يَا أُسَامَةُ ؟

٣- (أَنَا) .... : اَللّٰهُ أَكْبَرُ . ٤- مَاذَا .... لَكِ الْمُعَلِّمَةُ ؟

٥- مَاذَا .... يَا نَبِيلَةُ ؟ ٦- يَا شَرِيفُ ، مَاذَا ....؟

٧- .... شَرِيفٌ : أَنَا أُحِبُّ السِّبَاحَةَ .

٨- .... هَنَاءُ : الرِّيَاضَةُ مُفِيدَةٌ لِلْعَقْلِ وَالْجِسْمِ .

٩- وَ.................. أَنَا : مَا أَحْسَنَ الرِّيَاضَةَ بَعْدَ الدَّرْسِ !

١٠- يَا هُدَى ، مَاذَا .... لِأُمِّكِ ؟

اَلتَّدْرِيبُ ٱلرَّابِعُ : أَمْلَؤُوا ٱلفَرَاغَاتِ فِي ٱلجُمَلِ ٱلتَّالِيَةِ بِٱلصُّورَةِ ٱلصَّحِيحَةِ مِنْ بَيْنِ ٱلأَفْعَالِ ٱلَّتِي بَيْنَ قَوْسَيْنِ :

Fill in the blanks in the following sentences with the correct conjugation of the verb from among those given in parenthesis :

١- .... مُعَلِّمُ ٱلرِّيَاضَةِ إِلَى ٱلتَّلَامِيذِ . (تَحَدَّثَتْ \ تَحَدَّثَ \ تَحَدَّثُوا)

٢- .... ٱلتِّلْمِيذَةُ إِلَى ٱلْمُعَلِّمَةِ . (تَحَدَّثَ \ تَحَدَّثَتْ \ تَحَدَّثْنَ)

٣- اَلتِّلْمِيذُ ٱلْمُنَظَّمُ .... وَقْتَ ٱلدَّرْسِ . (تَدْرُسُ \ يَدْرُسُونَ \ يَدْرُسُ)

٤- أَنَا .... وَقْتَ ٱللَّعِبِ . (أَلْعَبُ \ تَلْعَبُ \ نَلْعَبُ)

٥- هَلْ .... ٱلْمُعَلِّمُ لَكُمُ ٱلدُّرُوسَ ؟ (شَرَحَتْ \ شَرَحْتُ \ شَرَحَ)

٦- أَيَّ ٱلأَلْعَابِ .... أَيُّهَا ٱلتَّلَامِيذُ ؟ (تُحِبُّ \ تُحِبُّونَ \ يُحِبُّونَ)

٧- .... هُنَاءُ ٱلقِرَاءَةَ وَٱلكِتَابَةَ . (تَعَلَّمَتْ \ تَعَلَّمْتُ \ أَتَعَلَّمُ)

٨- أَنَا لَا .... فِي هَذِهِ ٱلْبُحَيْرَةِ . (يَسْبَحُ \ تَسْبَحُونَ \ أَسْبَحُ)

٩- كُلُّكُمْ .... وَقْتَ ٱللَّعِبِ . (أَلْعَبُ \ نَلْعَبُ \ تَلْعَبُونَ)

اَلتَّدْرِيبُ ٱلخَامِسُ : تَحْتَوِي ٱلجُمَلُ ٱلتَّالِيَةُ إِمَّا عَلَى ٱسْمٍ مَجْرُورٍ بِحَرْفِ جَرٍّ أَوْ مَفْعُولٍ لِفِعْلٍ مُتَعَدٍّ. ضَعُوا خَطًّا تَحْتَ حَرْفِ ٱلجَرِّ أَوِ ٱلفِعْلِ ٱلْمُتَعَدِّي ، وَخَطَّيْنِ تَحْتَ ٱلاِسْمِ ٱلْمَجْرُورِ أَوِ ٱلْمَفْعُولِ بِهِ كَمَا فِي ٱلْمِثَالِ :

The following sentences contain prepositional phrases or verb-object phrases. Please identify these structures by underlining once the preposition or the verb and underlining twice the object of the preposition or the object of the verb, as in the given examples :

تَحَدَّثَ مُعَلِّمُ ٱلرِّيَاضَةِ إِلَى ٱلتَّلَامِيذِ فِي دَرْسِ ٱلرِّيَاضَةِ فَقَالَ: أَنْتُمْ جَمِيعاً تُحِبُّونَ ٱلرِّيَاضَةَ .

١- اَلرِّيَاضَةُ مُفِيدَةٌ لِلْعَقْلِ وَٱلْجِسْمِ .

٢- أَنَا أُحِبُّ ٱلسِّبَاحَةَ .

٣- هَلْ أَكَلَ أَحْمَدُ طَعَامَهُ ؟

٤- اَلْعَقْلُ ٱلسَّلِيمُ فِي ٱلْجِسْمِ ٱلسَّلِيمِ .

٥- نَحْنُ نُحِبُّ مَدْرَسَتَنَا .

٦- فِي مَدْرَسَتِنَا نَتَعَلَّمُ ٱلْحِسَابَ وَٱلْعُلُومَ .

٧- هَلْ شَرِبَتِ ٱلطِّفْلَةُ ٱلْحَلِيبَ ؟

٨- شَرَحَ ٱلْمُعَلِّمُ لَنَا ٱلدُّرُوسَ .

٩- اِشْتَرَىٰ لِي أَبِي دَرَّاجَةً جَدِيدَةً مِنَ ٱلسُّوقِ .

١٠- نَذْهَبُ إِلَى مَدْرَسَتِنَا فِي ٱلصَّبَاحِ وَنَعُودُ مِنْهَا بَعْدَ ٱلظُّهْرِ .

اَلتَّدْرِيبُ ٱلسَّادِسُ : أَجِيبُوا شَفَوِيّاً عَنِ ٱلأَسْئِلَةِ ٱلتَّالِيَةِ ٱلَّتِي يَسْأَلُهَا ٱلْمُعَلِّمُ \ ٱلْمُعَلِّمَةُ :

Answer orally the following questions which your teacher will ask:

١- أَيَّ ٱلأَلْعَابِ تُحِبُّ (تُحِبِّينَ) ؟

٢- هَلْ تُحِبُّ (تُحِبِّينَ) لُعْبَةَ كُرَةِ ٱلْقَدَمِ ؟

٣- هَلْ تَلْعَبُ (تَلْعَبِينَ) وَقْتَ ٱلدَّرْسِ ؟

٤- لِمَاذَا سَتَذْهَبُ (سَتَذْهَبِينَ) إِلَى ٱلسُّوقِ ؟

٥- مَاذَا سَتَشْتَرِي (سَتَشْتَرِينَ) مِنَ ٱلسُّوقِ ؟

٦- مَاذَا تَتَعَلَّمُ (تَتَعَلَّمِينَ) فِي ٱلْمَدْرَسَةِ ؟

٧- أَيْنَ تَلْعَبُ (تَلْعَبِينَ) أَلْعَاباً رِيَاضِيَّةً ؟

QUR'ANIC EXAMPLES .... تَطْبِيقَاتٌ قُرْآنِيَّةٌ

١- ﴿ قُلْ إِنْ كُنْتُمْ تُحِبُّونَ ٱللَّهَ فَٱتَّبِعُونِى يُحْبِبْكُمُ ٱللَّهُ... ﴾ (آل عمران : ٢٠)

....

٢- ﴿... قَالَ إِنَّ ٱللَّهَ ٱصْطَفَـٰهُ عَلَيْكُمْ وَزَادَهُ بَسْطَةً فِى ٱلْعِلْمِ وَٱلْجِسْمِ... ﴾

(ٱلْبَقَرَة : ٢٤٧)

....

* * *

Say .... قُلْ

If .... إِنْ

You (plural) were .... كُنْتُمْ

You (plural) love .... تُحِبُّونَ

Allah = God .... ٱللَّهَ

Then follow me .... فَٱتَّبِعُونِى

(He) will love you .... يُحْبِبْكُمُ

He said .... قَالَ

Surely, indeed .... إِنَّ

Has chosen him .... ٱصْطَفَـٰهُ

Above you (plural) .... عَلَيْكُمْ

And has increased him .... وَزَادَهُ

Abundantly .... بَسْطَةً

With, in regard to .... فِى

The knowledge .... ٱلْعِلْمِ

And the body .... وَٱلْجِسْمِ

* * *

Please follow the same instructions given in Lesson One, page 4 .

Please follow the same instructions given in Lesson One, page 5.

اَلْقَادِرُ اَلْمُقْتَدِرُ اَلْمُقَدِّمُ اَلْمُؤَخِّرُ
اَلْقَادِرُ اَلْمُقْتَدِرُ اَلْمُقَدِّمُ اَلْمُؤَخِّرُ
اَلْقَادِرُ اَلْمُقْتَدِرُ اَلْمُقَدِّمُ اَلْمُؤَخِّرُ

The Delayer, The Postponer. * The Expediter, The Presenter. * The All Powerful, The Most Capable. * The Able, The Powerful.

اَلدَّرْسُ ٱلرَّابِعُ

اَلتَّدْرِيبُ ٱلأَوَّلُ : صِلُوا بَيْنَ عِبَارَاتِ ٱلْمَجْمُوعَةِ (أ) وَمَا يُنَاسِبُهَا مِنْ عِبَارَاتِ ٱلْمَجْمُوعَةِ (ب) لِتَكْوِينِ جُمَلٍ مُفِيدَةٍ :

Match the phrases from the right column with those which correspond to them from the left column to make full meaningful sentences :

(أ)	(ب)
١- كَانَ ٱلخَلِيفَةُ يَسِيرُ فِي إِحْدَىٰ ٱللَّيَالِي ...	عَنِ ٱلْمُسْلِمِينَ أَعْبَاءَ ٱلحَيَاةِ .
٢- كَانَ عُمَرُ بْنُ ٱلخَطَّابِ يُرِيدُ أَنْ ...	ٱلفُقَرَاءَ وَٱلْمُحْتَاجِينَ مِنْهُمْ .
٣- كَانَ ٱلخَلِيفَةُ يُرِيدُ أَنْ يُسَاعِدَ ...	ٱللَّبَنَ بِٱلْمَاءِ .
٤- كَانَ عُمَرُ يرِيدُ أَنْ يُخَفِّفَ ...	يَتَعَرَّفَ عَلَى أَحْوَالِ ٱلْمُسْلِمِينَ .
٥- وَبَيْنَمَا هُوَ يَسِيرُ ...	فَإِنَّ ٱللَّهَ يَرَانَا .
٦- أَعِدِّي ٱللَّبَنَ يَا ٱبْنَتِي ...	بِمَنْعِ ٱلبَائِعِينَ مِنْ خَلْطِ ٱللَّبَنِ بِٱلْمَاءِ .
٧- لاَ تَنْسَيْ أَنْ تَخْلِطِي ...	اِخْلِطِيهِ يَا ٱبْنَتِي فَإِنَّ عُمَرَ لاَ يَرَانَا.
٨- لَقَدْ أَمَرَ أَمِيرُ ٱلْمُؤْمِنِينَ ...	فِي حَيٍّ مِنْ أَحْيَاءِ ٱلْمَدِينَةِ .
٩- قَالَتِ ٱلأُمُّ : ...	كَيْ نَبِيعَهُ غَداً .
١٠- إِذَا كَانَ عُمَرُ لاَ يَرَانَا ...	سَمِعَ ٱمْرَأَةً تَقُولُ لِٱبْنَتِهَا شَيْئاً.

اَلتَّدْرِيبُ ٱلثَّانِي : اِمْلَؤُوا ٱلفَرَاغَاتِ فِي ٱلجُمَلِ ٱلتَّالِيَةِ بِٱلجَمْعِ ٱلْمُنَاسِبِ لِلْمُفْرَدِ ٱلْمَوْضُوعِ بَيْنَ قَوْسَيْنِ فِي نِهَايَةِ ٱلجُمْلَةِ :

Fill in the blanks with the corresponding plural of the singular given in parenthesis at the end of the sentence :

١- كَانَ ٱلخَلِيفَةُ (رَضِيَ ٱللَّهُ عَنْهُ) يَسِيرُ فِي إِحْدَىٰ .... (ٱللَّيْلَة)

٢- كَانَ عُمَرُ بْنُ ٱلخَطَّابِ يَسِيرُ فِي حَيٍّ مِنْ .... ٱلْمَدِينَةِ . (حَيّ)

٣- كَانَ ٱلْخَلِيفَةُ يُرِيدُ أَنْ يَتَعَرَّفَ عَلَى.................. .... (حَال \ ٱلْمُسْلِم)

٤- كَانَ عُمَرُ يُرِيدُ أَنْ يُسَاعِدَ................... وَ.................. . (الفَقِير \ ٱلْمُحْتَاج)

٥- كَانَ ٱلْخَلِيفَةُ عُمَرُ يَرْعَىٰ .... وَيَعُودُ.................. . (ٱلْمُصَاب \ ٱلْمَرِيض)

٦- سَأَشْتَرِي حَقِيبَةً لِـ .... وَبَعْضَ .... (ٱلْكِتَاب \ ٱلْقَلَم)

٧- ٱلْمُعَلِّمُ يَشْرَحُ لَنَا .... (ٱلدَّرْس)

٨- ٱلرِّيَاضَةُ تَنْفَعُنَا وَتُقَوِّي.................... ـنَا . (جِسْم)

٩- أَيَّ .... تُحِبُّونَ ؟ (ٱللُّعْبَة)

١٠- تَحَدَّثَ مُعَلِّمُ ٱلرِّيَاضَةِ إِلَى....................فِي دَرْسِ ٱلرِّيَاضَةِ . (ٱلتِّلْمِيذ)

ٱلتَّدْرِيبُ ٱلثَّالِثُ : أَعِيدُوا كِتَابَةَ ٱلتَّرَاكِيبِ ٱلتَّالِيَةِ بَعْدَ إِدْخَالِ مَا يُنَاسِبُهَا مِنَ ٱلْحُرُوفِ ٱلْمَصْدَرِيَّةِ ٱلنَّاصِبَةِ (ٱلْمَوْجُودَةِ دَاخِلَ ٱلشَّكْلِ) قَبْلَ ٱلْفِعْلِ ٱلْمُضَارِعِ ٱلَّذِي تَحْتَهُ خَطٌّ ، كَمَا فِي ٱلْمِثَالِ : (لَاحِظُوا أَنَّ ٱلْفِعْلَ يُصْبِحُ مَنْصُوباً بِٱلْفَتْحَةِ أَوْ حَذْفِ ٱلنُّونِ بَعْدَ إِدْخَالِ ٱلْحَرْفِ ٱلْمَصْدَرِيِّ ٱلنَّاصِبِ)

Rewrite the following structures after inserting the appropriate subjunctive particle (from among those in the box) before the underlined imperfect verb , as in the given example: (Note that the verb should bear a *fathah* or drop the ending *nun* of the verb if it ends in one as a sign of subjunctive mood :

لِـ \ لِكَيْ \ كَيْ \ أَنْ

كَانَ عُمَرُ يَسِيرُ ... يَتَعَرَّفُ عَلَى أَحْوَالِ ٱلْمُسْلِمِينَ <<<
كَانَ عُمَرُ يَسِيرُ لِيَتَعَرَّفَ عَلَى أَحْوَالِ ٱلْمُسْلِمِينَ .

١- كَانَ ٱلْخَلِيفَةُ (رَضِيَ ...) يُرِيدُ ... يُسَاعِدُ ٱلْفُقَرَاءَ وَٱلْمُحْتَاجِينَ .

٢- كَانَ ٱلْخَلِيفَةُ (رَضِيَ ...) يَسِيرُ ... يُخَفِّفُ عَنْهُمْ أَعْبَاءَ ٱلْحَيَاةِ .

٣- أَعِدِّي ٱللَّبَنَ يَا ٱبْنَتِي ... نَبِيعُهُ غَداً .

٤- وَلاَ تَنْسَيْ ... تَخْلِطِينَ ٱللَّبَنَ بِٱلْمَاءِ .

٥- وَقَدْ وَعَدَنِي أَبِي ... يَشْتَرِيَ لِي دَرَّاجَةً .

٦- أُرِيدُ ... أَشْرَبُ عَصِيراً .

٧- نَحْنُ نَذْهَبُ إِلَى ٱلْمَدْرَسَةِ ... نَتَعَلَّمُ .

٨- أُحِبُّ ... أَرْكَبُ ٱلْحِصَانَ ٱلأَبْيَضَ .

ٱلتَّدْرِيبُ ٱلرَّابِعُ : أَعِيدُوا كِتَابَةَ ٱلْجُمَلِ ٱلتَّالِيَةِ مُرَاعِينَ تَحْوِيلَ فِعْلِ ٱلأَمْرِ ٱلَّذِي تَحْتَهُ خَطٌّ مِنْ مُفْرَدِ ٱلْمُخَاطَبِ إِلَى مُفْرَدِ ٱلْمُخَاطَبَةِ :

Rewrite the following sentences, changing the underlined masculine command verb to its feminine counterpart, as in the given example:

اِخْلِطِ ٱللَّبَنَ بِٱلْمَاءِ ‹‹ اِخْلِطِي ٱللَّبَنَ بِٱلْمَاءِ .

١- أَعِدَّ ٱللَّبَنَ . ‹‹ ....

٢- اِذْهَبْ إِلَى ٱللَّوْحِ . ‹‹ ....

٣- اُكْتُبِ ٱلدَّرْسَ . ‹‹ ....

٤- اِجْلِسْ عَلَى ٱلْكُرْسِيِّ . ‹‹ ....

٥- اِشْرَبِ ٱلْمَاءَ . ‹‹ ....

٦- اِجْمَعِ ٱلْحَطَبَ . ‹‹ ....

٧- اِلْعَبْ فِي ٱلْمَلْعَبِ . ‹‹ ....

QUR'ANIC EXAMPLES .... تَطْبِيقَاتٌ قُرْآنِيَّةٌ

١- ﴿ قَالَتِ ٱمْرَأَتُ ٱلْعَزِيزِ ٱلْئَٰنَ حَصْحَصَ ٱلْحَقُّ ﴾

(يُوسُف : ٥١)

....

٢- ﴿ لَيْسَ عَلَى ٱلضُّعَفَاءِ وَلَا عَلَى ٱلْمَرْضَىٰ وَلَا عَلَى ٱلَّذِينَ لَا يَجِدُونَ مَا يُنْفِقُونَ حَرَجٌ ... ﴾ (ٱلتَّوْبَة :٩١)

....

* * *

She said .... قَالَتِ

Wife, woman (of)..... ٱمْرَأَتُ = ٱمْرَأَةٌ

Al-'Aziz (proper name) .... ٱلْعَزِيزِ

Now .... ٱلْئَٰنَ = ٱلآنَ

Became manifest, clear ...... حَصْحَصَ

The truth .... ٱلْحَقُّ

* * *

There is no .... لَيْسَ

On, upon .... عَلَى

The weak ones .... ٱلضُّعَفَاءِ

Nor .... وَلَا

Those who .... ٱلَّذِينَ

Not .... لَا

They find .... يَجِدُونَ

What, that which .... مَا

They (to) spend .... يُنْفِقُونَ

Blame .... حَرَجٌ

* * *

Please follow the same instructions given in Lesson One, page 4 .

Please follow the same instructions given in Lesson One, page 5 .

اَلْبَاطِنُ	اَلظَّاهِرُ	اَلآخِرُ	اَلأَوَّلُ
اَلْبَاطِنُ	اَلظَّاهِرُ	اَلآخِرُ	اَلأَوَّلُ
اَلْبَاطِنُ	اَلظَّاهِرُ	اَلآخِرُ	اَلأَوَّلُ

The Hidden. * The Manifest, The Apparent. * The Last, The One After Everything. * The First, The One Before Everything.

اَلدَّرْسُ ٱلخَامِسُ

اَلتَّدْرِيبُ ٱلأَوَّلُ : إِمْلَؤوا ٱلفَرَاغَاتِ فِي ٱلجُمَلِ ٱلتَّالِيَةِ بِكِتَابَةِ ٱلكَلِمَةِ ٱلمُنَاسِبَةِ مِنْ بَيْنِ ٱلكَلِمَاتِ ٱلمَوْضُوعَةِ بَيْنَ قَوْسَيْنِ :

Fill in the blanks in the following sentences by writing down the appropriate word from those given in parenthesis :

١- عَادَتْ مُنَى .... ٱلمَدْرَسَةِ . (فِي \ بَعْدَ \ مِنْ)

٢- فَوَجَدَتْ أُمَّهَا .... ٱلطَّعَامَ . (تُرَتِّبُ \ تُحَضِّرُ \ تَغْسِلُ)

٣- أَسْرَعَت مُنَى ، فَ............... حَقِيبَةَ كُتُبِهَا فِي غُرْفَةِ ٱلمُطَالَعَةِ .

(وَضَعَتْ \ وَضَعَ \ وَجَدَتْ)

٤- ثُمَّ لَبِسَتْ ثِيَابَ .... (ٱلمَدْرَسَةِ \ ٱلبَيْتِ \ ٱلنَّوْمِ)

٥- وَنَادَتْ .... : تَعَالَ يَا عُمَرُ ، نُسَاعِدْ أُمَّنَا . (أُمَّنَا \ أَخَاهَا \ أَبَاهَا)

٦- .... مُنَى يَدَيْهَا بِٱلمَاءِ وَٱلصَّابُونِ . (غَسَلَ \ وَضَعَتْ \ غَسَلَتْ)

٧- ثُمَّ .... ٱلغِطَاءَ ٱلنَّظِيفَ فَوْقَ ٱلمَائِدَةِ . (فَرَشَتْ \ غَسَلَتْ \ أَسْرَعَتْ)

٨- وَرَتَّبَتِ ٱلصُّحُونَ .... (تَحْتَهَا \ فَوْقَهَا \ فِيهَا)

٩- وَ............... عُمَرُ يَدَيْهِ أَيْضًا . (غَسَلَ \ غَسَلَتْ \ وَضَعَ)

١٠- قَالَتِ ٱلأُمُّ : .... لِمُسَاعَدَتِكُمَا . (عَفْواً \ شُكْراً \ مَعاً)

اَلتَّدْرِيبُ اَلثَّانِي : اِمْلَئُوا اَلْفَرَاغَاتِ بِكِتَابَةِ اَلصُّورَةِ اَلصَّحِيحَةِ لِلْفِعْلِ اَلْمَكْتُوبِ بَيْنَ قَوْسَيْنِ :

Fill in the blanks by writing the correct form of the verb given in parenthesis :

١- .... مُنَى مِنَ الْمَدْرَسَةِ . (عَادَ \ عَادَتْ)

٢- فَوَجَدَتْ أُمَّهَا .... طَعَامَ الْغَدَاءِ . (يُحَضِّرُ \ تُحَضِّرُ)

٣- .... مُنَى حَقِيبَةَ كُتُبِهَا فِي غُرْفَةِ الْمُطَالَعَةِ . (وَضَعَ \ وَضَعَتْ)

٤- ثُمَّ .... مُنَى ثِيَابَ الْبَيْتِ . (لَبِسَ \ لَبِسَتْ)

٥- وَنَادَتْ أَخَاهَا : تَعَالَ يَا عُمَرُ .... أُمَّنَا . (أُسَاعِدُ \ نُسَاعِدُ)

٦- وَ .... عُمَرُ يَدَيْهِ بِالْمَاءِ وَالصَّابُونِ أَيْضًا . (غَسَلَ \ غَسَلَتْ)

٧- وَ .... عُمَرُ الْخُبْزَ وَالْمَاءَ . (أَحْضَرَ \ أَحْضَرَتْ)

٨- .... الْأُمُّ وَقَالَتْ : شُكْرًا لِمُسَاعَدَتِكُمَا . (فَرِحَ \ فَرِحَتْ)

٩- سَـ .... أَبُوكُمَا بَعْدَ قَلِيلٍ . (يَعُودُ \ تَعُودُ)

١٠- وَسَـ .... طَعَامَ الْغَدَاءِ مَعًا . (أَتَنَاوَلُ \ نَتَنَاوَلُ)

اَلتَّدْرِيبُ اَلثَّالِثُ : رَتِّبُوا اَلْكَلِمَاتِ الْآتِيَةَ لِتَكْوِينِ جُمَلٍ مُفِيدَةٍ ، ثُمَّ اُكْتُبُوا الْجُمَلَ فِي اَلْفَرَاغَاتِ بَعْدَ السَّهْمِ :

Rearrange the order of the words to produce meaningful sentences, then write them down in the spaces following the arrows :

١- اَلْمَدْرَسَةِ-مِنَ-مُنَى-عَادَتْ < ....

٢- أُمَّهَا-اَلْغَدَاءَ-تُحَضِّرُ-فَوَجَدَتْ < ....

٣- فِي-كُتُبِهَا-حَقِيبَةَ-اَلْمُطَالَعَةِ-غُرْفَةِ-وَضَعَتْ < ....

....

٤- اَلبَيْتِ- ثِيَابَ-لَبِسَتْ-ثُمَّ › ....

٥- عُمَرُ-يَا-تَعَالَ--أُمَّنَا-نُسَاعِدْ› ....

٦- مُنَى-يَدَيْهَا-غَسَلَتْ › ....

٧- اَلغِطَاءَ-فَرَشَتْ-المَائِدَةِ-فَوْقَ › ....

٨- فَوْقَهَا-وَرَتَّبَتْ-اَلصُّحُونَ › ....

٩- اَلمَلاَعِقَ-ثُمَّ-اَلمَائِدَةِ-عَلَى-وَضَعَ › ....

١٠- لِمُسَاعَدَتِكُمَا-قَالَتْ-اَلأُمُّ-شُكْراً › ....

اَلتَّدْرِيبُ اَلرَّابِعُ : أُكْتُبُوا اَلكَلِمَاتِ اَلتَّالِيَةَ وَانْتَبِهُوا إِلَى اَلهَمْزَةِ :

Copy the following words on the dotted spaces below them , paying special attention to the form and position of the *Hamzah* :

اَلغَدَاءُ	اَلمَاءُ	اَلأُمُّ	اَلمَائِدَةُ
....	....	....	....

اَلتَّدْرِيبُ اَلخَامِسُ : أُكْتُبُوا اَلجُمَلَ اَلتَّالِيَةَ فِي اَلفَرَاغَاتِ تَحْتَهَا وَانْتَبِهُوا إِلَى (ص، ض، ط، ظ) :

Write down the following sentences on the dotted lines below them, paying special attention to the letters : (ص ، ض ، ط ، ظ) in terms of similarities and differences :

١- وَجَدَتْ أُمَّهَا تُحَضِّرُ طَعَامَ اَلغَدَاءِ .

-------------------------------------.

٢- وَضَعَتْ حَقِيبَةَ كُتُبِهَا فِي غُرْفَةِ اَلمُطَالَعَةِ .

---.

٣- غَسَلَتْ مُنَى يَدَيْهَا بِالْمَاءِ وَالصَّابُونِ أَيْضًا .

-- .

٤- ثُمَّ فَرَشَتِ الْغِطَاءَ النَّظِيفَ فَوْقَ الْمَائِدَةِ .

-- .

٥- رَتَّبَ الصُّحُونَ وَأَحْضَرَ الْخُبْزَ وَالْمَاءَ .

-- .

التَّدْرِيبُ السَّادِسُ : رَتِّبُوا الْجُمَلَ التَّالِيَةَ لِتُصْبِحَ قِصَّةً مُسَلْسَلَةً ثُمَّ اكْتُبُوا الْقِصَّةَ فِي الْفَرَاغِ الْمُخَصَّصِ بَعْدَهَا :

Arrange the following sentences to make from all of them a meaningful narration . Then write it down on the dotted spaces underneath these sentences:

١- ثُمَّ فَرَشَ الْغِطَاءَ النَّظِيفَ فَوْقَ الْمَائِدَةِ ...

٢- وَنَتَنَاوَلُ طَعَامَ الْغَدَاءِ مَعاً ...

٣- عَادَ عُمَرُ مِنْ مَدْرَسَتِهِ ...

٤- غَسَلَ عُمَرُ يَدَيْهِ بِالْمَاءِ وَالصَّابُونِ ...

٥- سَيَعُودُ أَبُوكُمَا بَعْدَ قَلِيلٍ ...

٦- وَنَادَى أُخْتَهُ : تَعَالَيْ يَا مُنَى ، نُسَاعِدْ أُمَّنَا ...

٧- وَرَتَّبَ الصُّحُونَ فَوْقَهَا ...

٨- فَوَجَدَ أُمَّهُ تُحَضِّرُ طَعَامَ الْغَدَاءِ ...

٩- فَرِحَتِ الْأُمُّ وَقَالَتْ : شُكْرًا لِمُسَاعَدَتِكُمَا يَا عُمَرُ وَيَا مُنَى ...

١٠- ثُمَّ وَضَعَتِ الْمَلَاعِقَ عَلَى الْمَائِدَةِ وَأَحْضَرَتِ الْخُبْزَ وَالْمَاءَ ...

١١- وَغَسَلَتْ مُنَىٰ يَدَيْهَا بِٱلْمَاءِ وَٱلصَّابُون أَيْضاً .

١٢- أَسْرَعَ عُمَرُ ، فَوَضَعَ حَقِيبَةَ كُتُبِهِ فِي غُرْفَةِ ٱلْمُطَالَعَةِ .

....

....

....

....

....

....

....

....

....

....

....

....

....

....

QUR'ANIC EXAMPLES .... تَطْبِيقَاتٌ قُرْآنِيَّةٌ

١- ﴿ ...... اَللَّهُمَّ رَبَّنَآ أَنْزِلْ عَلَيْنَا مَآئِدَةً مِّنَ ٱلسَّمَآءِ ......﴾ (ٱلْمَائِدَةُ : ١١٤)

....

٢- ﴿ ...... إِنِّيٓ أَرَىٰنِيٓ أَحْمِلُ فَوْقَ رَأْسِي خُبْزًا ......﴾ (يُوسُفُ : ٣٦)

....

❀ ❀ ❀

اَللَّهُمَّ .... O Allah	إِنِّيٓ .... Surely I
رَبَّنَا .... Our Lord	أَرَىٰنِيٓ = أَرَانِي .... I see myself
أَنْزِلْ .... Send down	أَحْمِلُ .... Carrying, to carry
عَلَيْنَا .... Upon us, for us	فَوْقَ .... On, over
مَآئِدَةً .... A table	رَأْسِي .... My head
مِنَ .... From	خُبْزًا .... Bread
ٱلسَّمَآءِ .... Heaven	

✻✻✻

Please follow the same instructions given in Lesson One, page 4

اَلْوَالِى	اَلْمُتَعَالِ	اَلْبَرُّ	اَلتَّوَّابُ
اَلْوَالِى	اَلْمُتَعَالِ	اَلْبَرُّ	اَلتَّوَّابُ
اَلْوَالِى	اَلْمُتَعَالِ	اَلْبَرُّ	اَلتَّوَّابُ

Please follow the same instructions given in Lesson One, page 5.

The Reigning, The Supporter. * The Most Exalted, The Supreme. * The Source of Piety, The Most Devoted. * The Accepter of Repentance, The Most Forgiving.

اَلدَّرْسُ ٱلسَّادِسُ

اَلتَّدْرِيبُ ٱلْأَوَّلُ : رَتِّبُوا ٱلْكَلِمَاتِ ٱلْآتِيَةَ لِتَكْوِينِ جُمَلٍ مُفِيدَةٍ ، ثُمَّ ٱكْتُبُوهَا فِي ٱلْفَرَاغَاتِ بَعْدَ ٱلسَّهْمِ :

Rearrange the order of the words to produce meaningful sentences, then write them down on the spaces following the arrows :

١- فِي-مَاذَا-ٱلْأُسْبُوعِ-أَيَّامِ-يَفْعَلُونَ ‹ ....?

٢- ٱلْأُسْبُوعِ - مَا - أَيَّامُ ‹ ....?

٣- ٱلسَّبْتِ -مَاذَا-ٱلْمَاضِي-يَوْمَ-فَعَلْتِ ‹ ....?

٤- لِزِيَارَةِ-ذَهَبْتُ-صَدِيقَاتِي-بَعْضِ ‹ ....

٥- ٱلْقَادِمِ-ٱلْجُمُعَةِ-سَتَفْعَلُ-يَوْمَ-مَاذَا ‹ ....?

٦- إِلَى-سَوْفَ-ٱلْمَسْجِدِ-أَذْهَبُ ‹ ....

٧- نَذْهَبُ-سَوْفَ-جَدِّي-لِزِيَارَةِ ‹ ....

٨- ٱلْمَاضِي-ٱلِاثْنَيْنِ-فَعَلْتَ-مَاذَا ‹ ....

٩- فِي-أُمِّي-تَنْظِيفِ-سَاعَدْتُ-ٱلْبَيْتِ ‹ ....

١٠- لَعِبْتُ -بَنَاتِ-مَعَ-ٱلْجِيرَانِ ‹ ....

اَلتَّدْرِيبُ ٱلثَّانِي : اِمْلَؤُوا ٱلْفَرَاغَاتِ فِي ٱلْجُمَلِ ٱلتَّالِيَةِ بِٱلْكَلِمَةِ ٱلْمُنَاسِبَةِ مِنْ بَيْنِ ٱلْكَلِمَاتِ ٱلَّتِي بَيْنَ قَوْسَيْنِ :

Fill in the blanks in the following sentences with the appropriate word of those given in parenthesis :

١- .... يَفْعَلُونَ فِي أَيَّامِ ٱلْأُسْبُوعِ ؟ (مَا \ مَاذَا \ هَلْ)

٢- مَاذَا فَعَلْتِ يَوْمَ ٱلسَّبْتِ .... يَا لَيْلَى؟ (ٱلْقَادِمِ \ ٱلْيَوْمِ \ ٱلْمَاضِي)

٣- ذَاكَرْتُ دُرُوسِي، ثُمَّ .... لِزِيَارَةِ بَعْضِ صَدِيقَاتِي. (ذَهَبْتُ \ أَذْهَبُ \ سَأَذْهَبُ)

٤- مَاذَا .... يَوْمَ ٱلْجُمُعَةِ ٱلْقَادِمِ يَا سَعِيدُ ؟ (فَعَلْتَ \ سَتَفْعَلُ \ تَفْعَلُ)

٥- سَوْفَ أَذْهَبُ إِلَى ٱلْمَسْجِدِ .... ٱلْجُمُعَةِ . (لِزِيَارَةِ \ لِصَلَاةِ \ لِشِرَاءِ)

٦- سَاعَدْتُ أُمِّي فِي .... وَتَرْتِيبِ ٱلْبَيْتِ . (نَظَّفَ \ يُنَظِّفُ \ تَنْظِيفِ)

٧- ثُمَّ لَعِبْتُ فِي حَدِيقَةِ بَيْتِنَا .... بَنَاتِ ٱلْجِيرَانِ . (إِلَى \ مَعَ \ عَلَى)

٨- وَأَنْتِ يَا سُعَادُ ، مَاذَا .... يَوْمَ ٱلثُّلَاثَاءِ ٱلْقَادِمِ . (سَيَفْعَلُ \ سَتَفْعَلِينَ \ سَأَفْعَلُ)

٩- سَوْفَ أَذْهَبُ مَعَ أُسْرَتِي إِلَى ٱلسُّوقِ .... حَاجَاتِنَا. (لِتَحْضِيرِ \ لِشِرَاءِ \ لِزِيَارَةِ)

١٠- وَسَوْفَ نَتَنَاوَلُ ٱلْعَشَاءَ فِي .... فَاخِرٍ. (مَدْرَسَةٍ\حَدِيقَةٍ\مَطْعَمٍ)

ٱلتَّدْرِيبُ ٱلثَّالِثُ : أُكْتُبُوا ٱلْكَلِمَاتِ ٱلتَّالِيَةَ فِي ٱلْفَرَاغَاتِ تَحْتَهَا وَٱنْتَبِهُوا إِلَى ٱلثَّاءِ وَ ٱلشِّينِ :

Write down the following words on the dotted spaces below them, paying special attention to the letters : (ث) and (ش) :

ٱلاِثْنَيْنِ   لِشِرَاءِ   ٱلثُّلَاثَاءُ   ٱلْعَشَاءُ   ثُمَّ   شُكْرًا

....

اَلتَّدْرِيبُ ٱلرَّابِعُ : صِلُوا بَيْنَ كَلِمَاتِ أَوْ عِبَارَاتِ ٱلْمَجْمُوعَةِ (أ) وَمَا يُنَاسِبُهَا مِنْ عِبَارَاتِ أَوْ كَلِمَاتِ ٱلْمَجْمُوعَةِ (ب) :

Match the words or phrases from the right column with those from the left column to form full meaningful sentences :

(أ)	(ب)
مَا هِيَ ...	مَعَ بَنَاتِ ٱلْجِيرَانِ .
مَاذَا فَعَلْتِ ...	لِشِرَاءِ ٱلْخُضْرَوَاتِ وَٱلْفَوَاكِهِ .
ذَهَبْتُ ...	فِي مَطْعَمٍ فَاخِرٍ .
مَاذَا سَتَفْعَلِينَ ...	يَا تَلَامِيذِي .
سَوْفَ أَذْهَبُ إِلَى ٱلْمَسْجِدِ...	أَيَّامُ ٱلْأُسْبُوعِ ؟
سَاعَدْتُ أُمِّي فِي ...	يَوْمَ ٱلسَّبْتِ ٱلْمَاضِي ؟
لَعِبْتُ فِي حَدِيقَةِ بَيْتِنَا...	لِزِيَارَةِ بَعْضِ صَدِيقَاتِي .
سَأَذْهَبُ إِلَى ٱلسُّوقِ ...	يَوْمَ ٱلثُّلَاثَاءِ ٱلْقَادِمِ .
سَوْفَ نَتَنَاوَلُ ٱلْعَشَاءَ ...	يَا مُعَلِّمَتَنَا .
أَعَانَكِ ٱللّٰهُ ...	لِصَلَاةِ ٱلْجُمُعَةِ مَعَ أَبِي .
شُكْراً لَكُمْ ...	تَنْظِيفِ وَتَرْتِيبِ ٱلْبَيْتِ .

اَلتَّدْرِيبُ ٱلْخَامِسُ : أَكْمِلُوا بِكِتَابَةِ ٱلصُّورَةِ ٱلصَّحِيحَةِ لِلْفِعْلِ لِلتَّدَرُّبِ عَلَىٰ تَصْرِيفِ ٱلْأَفْعَالِ فِي ٱلزَّمَنِ ٱلْمَاضِي وَٱلْحَاضِرِ وَٱلْمُسْتَقْبَلِ :

Complete by filling in the correct form of the verb to practice the conjugation of the verbs with past, present, and future tenses . Follow the example :

(هُوَ) ذَاكَرَ أَمْسِ \ يُذَاكِرُ ٱلْآنَ \ سَيُذَاكِرُ غَداً .

(هِيَ) ذَهَبَتْ أَمْسِ \ .... ٱلآنَ \ .... غَداً .

(أَنْتَ) .... أَمْسِ \ تَلْعَبُ ٱلآنَ \ .... غَداً .

(أَنْتِ) .... أَمْسِ \ .... ٱلآنَ \ سَتَلْعَبِينَ غَداً .

(أَنَا) فَرِحْتُ أَمْسِ \ .... ٱلآنَ \ .... غَداً .

(هُوَ) .... أَمْسِ \ يُسَاعِدُ ٱلآنَ \ .... غَداً .

(أَنْتَ) كَتَبْتَ أَمْسِ \ .... ٱلآنَ \ .... غَداً .

(أَنْتِ) .... أَمْسِ \ تُرَتِّبِينَ ٱلآنَ \ .... غَداً .

(أَنَا) .... أَمْسِ \ .... ٱلآنَ \ سَأُسْرِعُ غَداً .

(هُوَ) ضَحِكَ أَمْسِ \ .... ٱلآنَ \ .... غَداً .

ٱلتَّدْرِيبُ ٱلسَّادِسُ : أُكْتُبُوا ٱلْجُمَلَ ٱلتَّالِيَةَ فِي ٱلْفَرَاغَاتِ تَحْتَهَا وَٱنْتَبِهُوا إِلَى ٱلْحُرُوفِ (ح ،
خ ، ج) :

<u>Write down the following sentences</u> on the dotted lines below them, paying due
attention to the letters : (ح ، خ ، ج)

١- اَلْأَحَدُ وَٱلْخَمِيسُ وَٱلْجُمُعَةُ مِنْ أَيَّامِ ٱلْأُسْبُوعِ .

....

٢- سَوْفَ أَذْهَبُ إِلَى ٱلْمَسْجِدِ لِصَلَاةِ ٱلْجُمُعَةِ .

....

٣- لَعِبْتُ فِي حَدِيقَةِ بَيْتِنَا مَعَ أَوْلَادِ ٱلْجِيرَانِ .

....

٤- سَوْفَ أَذْهَبُ إِلَى ٱلسُّوقِ لِشِرَاءِ حَاجَاتِنَا مِنَ ٱلْخُضْرَوَاتِ .

....

٥- سَوْفَ نَتَنَاوَلُ ٱلْعَشَاءَ فِي مَطْعَمٍ فَاخِرٍ ٱحْتِفَالاً بِعِيدِ مِيلَادِي .

....

ٱلتَّدْرِيبُ ٱلسَّابِعُ : أَجِيبُوا شَفَوِيّاً عَنِ ٱلْأَسْئِلَةِ ٱلتَّالِيَةِ ٱلَّتِي يَسْأَلُهَا ٱلْمُعَلِّمُ \ ٱلْمُعَلِّمَةُ :
Answer orally the following questions which your teacher will ask:

١- مَا أَيَّامُ ٱلْأُسْبُوعِ (أَحْمَدُ / مَرْيَمُ / ...)؟ ؟

٢- مَا ٱلْيَوْمُ يَا ... ؟

٣- مَاذَا فَعَلْتَ (فَعَلْتِ) يَوْمَ ٱلْجُمُعَةِ ٱلْمَاضِي يَا ... ؟

٤- مَاذَا سَتَفْعَلُ (سَتَفْعَلِينَ) يَوْمَ ٱلْأَحَدِ ٱلْقَادِمِ يَا ... ؟

٥- هَلْ تُسَاعِدُ أُمَّكَ (تُسَاعِدِينَ أُمَّكِ) فِي تَحْضِيرِ مَائِدَةِ ٱلْعَشَاءِ ؟

٦- مَنْ عُمَرُ بْنُ ٱلْخَطَّابِ؟

٧- لِمَاذَا كَانَ عُمَرُ بْنُ ٱلْخَطَّابِ يَسِيرُ فِي حَيٍّ مِنْ أَحْيَاءِ ٱلْمَدِينَةِ ؟

٨- مَاذَا تَقُولُ (تَقُولِينَ) إِذَا سَاعَدَكَ (سَاعَدَكِ) أَحَدٌ ؟

٩- هَلْ يُحِبُّ ٱللَّهُ أَنْ نَخْلِطَ ٱللَّبَنَ بِٱلْمَاءِ كَيْ نَبِيعَهُ ؟

١٠- هَلْ يَرَانَا ٱللَّهُ دَائِماً ؟

\#   \#   \#

QUR'ANIC EXAMPLES .... تَطْبِيقَاتٌ قُرْآنِيَّةٌ

١- ﴿ تَحِيَّتُهُمْ يَوْمَ يَلْقَوْنَهُ سَلَـٰمٌ ..... ﴾ (الأَحْزَابُ : ٤٤)

....

٢- ﴿ ..... إِنَّ ٱللَّهَ عَلِيمٌ بِمَا يَفْعَلُونَ ﴾ (يُونُسُ : ٣٦)

....

❀ ❀ ❀

Their greeting .... تَحِيَّتُهُمْ

(The) day .... يَوْمَ

They meet Him .... يَلْقَوْنَهُ

Peace .... سَلَـٰمٌ = سَلاَمٌ

Surely , indeed , verily .... إِنَّ

Allah .... ٱللَّهَ

Well-Aware .... عَلِيمٌ

With that................................ بِمَا

They do .... يَفْعَلُونَ

✲ ✲ ✲

Please follow the same instructions given in Lesson One, page 4.

Please follow the same instructions given in Lesson One, page 5 .

ٱلْمُنْتَقِمُ	ٱلْعَفُوُّ	ٱلرَّءُوفُ	مَالِكُ ٱلْمُلْكِ
ٱلْمُنْتَقِمُ	ٱلْعَفُوُّ	ٱلرَّءُوفُ	مَالِكُ ٱلْمُلْكِ
ٱلْمُنْتَقِمُ	ٱلْعَفُوُّ	ٱلرَّءُوفُ	مَالِكُ ٱلْمُلْكِ

The Eternal Owner of Sovereignty, The King of the Universe. * The Compassionate. * The Pardoner. * The Avenger.

اَلدَّرْسُ اَلسَّابِعُ

اَلتَّدْرِيبُ اَلْأَوَّلُ : اِمْلَأُوا اَلْفَرَاغَاتِ فِي اَلْجُمَلِ اَلتَّالِيَةِ بِالْكَلِمَةِ اَلْمُنَاسِبَةِ مِنْ بَيْنِ اَلْكَلِمَاتِ اَلَّتِي بَيْنَ قَوْسَيْنِ :

<u>Fill in the blanks</u> in the following sentences with the appropriate word from among those given in parenthesis :

١- هَاجَرَ اَلرَّسُولُ (ص) .... مَكَّةَ .... اَلْمَدِينَةِ . (فِي - إِلَى - مِنْ)

٢- كَانَا يَرْكَبَانِ نَاقَتَيْنِ .... (سَرِيعَةً - سَرِيعَتَيْنِ - كَبِيرَةً)

٣- وَكَانَ كُفَّارُ قُرَيْشٍ .... عَنْهُمَا فِي اَلصَّحْرَاءِ . (يَبْحَثُ - تَبْحَثُونَ - يَبْحَثُونَ)

٤- دَخَلَ اَلرَّسُولُ (ص) وَصَاحِبُهُ غَارَ .... (قُرَيْشٍ - اَلْمَدِينَةِ - ثَوْرٍ)

٥- وَفِي اَلْمَدِينَةِ، .... اَلرَّسُولُ (ص) أَوَّلَ مَسْجِدٍ . (أَسَّسَ - اِنْطَلَقَ - وَصَلَ)

٦- وَصَلَ اَلْإِسْلَامُ إِلَى بِلَادٍ .... (عَالِياً - سَالِماً - بَعِيدَةٍ)

٧- .... حَادِثٌ مُهِمٌّ فِي .... اَلْمُسْلِمِينَ . (تَارِيخ - اَلْمَدِينَةُ - اَلْهِجْرَةُ)

اَلتَّدْرِيبُ اَلثَّانِي: رَتِّبُوا اَلْكَلِمَاتِ اَلْآتِيَةِ لِتَكْوِينِ جُمَلٍ مُفِيدَةٍ، ثُمَّ اَكْتُبُوهَا فِي اَلْفَرَاغَاتِ:

<u>Rearrange the order of the words</u> to produce meaningful sentences, then <u>write them down</u> on the spaces underneath them :

١- أَبُو بَكْرٍ \ مَعَهُ \ وَكَانَ \ صَدِيقُهُ \

....

٢- سَالِمًا \ اَلْـمَدِينَةِ \ اَلرَّسُولُ (ص) وَصَلَ \ إِلَىٰ ›

.--

٣- اَلْـمُؤَذِّنِ \ صَوْتُ \ عَالِياً \ اِرتَفَعَ ›

.------------------------------------

٤- اَللّٰهِ \ فِي \ دِينُ \ اَلْعَالَمِ \ اِنْتَشَرَ ›

.---------------------------------------

٥- اَلْعَظِيمِ \ اَلْـمُسْلِمُونَ \ اَلْحَادِثِ \ بِذٰلِكَ \ يَحْتَفِلُ ›

.---

اَلتَّدْرِيبُ اَلثَّالِثُ : أَعِيدُوا كِتَابَةَ اَلْجُمَلِ اَلتَّالِيَةِ مُضِيفِينَ إِلَيْهَا " لاَ اَلنَّاهِيَةَ " لِلتَّدَرُّبِ عَلَى صِيَاغَةِ تَرَاكِيبِ اَلنَّهْيِ، كَمَا فِي اَلْمِثَالِ :

Following the given example, rewrite the following sentences after adding the (لاَ) of negative command , observing the change in case ending that the verb undergoes :

تَلْعَبُ فِي اَلْحَدِيقَةِ كُلَّ يَوْمٍ . › لاَ تَلْعَبْ فِي اَلْحَدِيقَةِ كُلَّ يَوْمٍ .

١- تَدْخُلُ هٰذَا اَلْبَيْتَ . › ....

٢- تَأْكُلُ هٰذَا اَلطَّعَامَ . › ....

٣- تَفْتَحُ شُبَّاكَ غُرْفَتِكَ . › ....

٤- تَقْعُدُ بِلاَ عَمَلٍ . › ....

٥- تَرْكَبُ اَلْحِصَانَ اَلأَسْوَدَ. › ....

٦- تَضْرِبُ كَلْبَ ٱلجِيرانِ . ‹ ....

٧- تَأْخُذُ كِتابَ سَمِيرٍ . ‹ ....

اَلتَّدْرِيبُ ٱلرَّابِعُ : أَعِيدُوا كِتَابَةَ كُلِّ جُمْلَةٍ مِنَ ٱلجُمَلِ التَّالِيَةِ مَرَّتَيْنِ ، مَرَّةً مَعَ فَاعِلٍ مُثَنًّى وَمَرَّةً أُخْرَىٰ مَعَ فَاعِلٍ جَمْعٍ ، كَمَا فِي المِثَالِ :

Rewrite each of the following sentences twice; once with a dual subject and another time with a plural subject, as in the given example :

هُوَ يَرْكَبُ . ‹ هُمَا يَرْكَبَانِ . ‹ هُمْ يَرْكَبُونَ .

١- هُوَ يَبْحَثُ . ‹ .... ‹ ....

٢- هُوَ يُهَاجِرُ . ‹ .... ‹ ....

٣- هُوَ يَدْخُلُ . ‹ .... ‹ ....

٤- هُوَ يَحْتَفِلُ . ‹ .... ‹ ....

٥- هُوَ يَفْعَلُ . ‹ .... ‹ ....

٦- هُوَ يَفْرَحُ . ‹ .... ‹ ....

٧- هُوَ يَلْعَبُ . ‹ .... ‹ ....

٨- هُوَ يَعْرِفُ . ‹ .... ‹ ....

٩- هُوَ يَذْهَبُ . ‹ .... ‹ ....

١٠- هُوَ يَأْكُلُ . ‹ .... ‹ ....

١١- هُوَ يَشْرَبُ . ‹ .... ‹ ....

١٢- هُوَ يَكْتُبُ . ‹ .... ‹ ....

اَلتَّدْرِيبُ الْخَامِسُ : أُكْتُبُوا الْكَلِمَاتِ التَّالِيَةَ فِي الْفَرَاغَاتِ بَعْدَ السَّهْمِ وَانْتَبِهُوا إِلَى الْحُرُوفِ : (ب ، ت ، ث)

Write down the following words on the dotted spaces following the arrows, paying special attention to the letters : (ث ، ت ، ب) and the similarities and differences between their shapes as well as their sounds :

يَرْكَبَانِ ‹ .... نَاقَتَيْنِ ‹ .... يَبْحَثُونَ ‹ ....

صَاحِبَةٌ ‹ .... تَحْزَنْ ‹ .... حَادِثٌ ‹ ....

بِذَلِكَ ‹ .... فَاسْتَقْبَلَهُ ‹ .... ثُمَّ ‹ ....

أَذْهَبُ ‹ .... اِنْتَشَرَ ‹ .... اَلثُّلَاثَاءُ ‹ ....

اَلْخُبْزَ ‹ .... تَارِيخ ‹ .... اَلاثْنَيْنِ ‹ ....

بَعْضَ ‹ .... يَحْتَفِلُ ‹ .... ثِيَابَ ‹ ....

اَلْكُتُبُ ‹ .... اَلْخُضْرَوَاتِ ‹ .... اَلثَّانِي ‹ ....

اَلتَّدْرِيبُ السَّادِسُ : أُكْتُبُوا الْجُمَلَ التَّالِيَةَ فِي الْفَرَاغَاتِ تَحْتَهَا وَانْتَبِهُوا إِلَى التَّاءِ الْمَفْتُوحَةِ " وَ التَّاءِ الْمَرْبُوطَةِ :

Write down the following sentences on the dotted lines below them, paying special attention to the letters :(ـة - ة \ ت) and the similarities and differences between their shapes as well as their sounds :

١- ذَهَبْتُ مَعَ الطَّالِبَاتِ لِصَلَاةِ الْجُمُعَةِ .

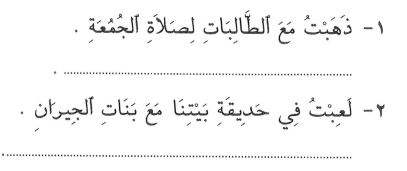

....

٢- لَعِبْتُ فِي حَدِيقَةِ بَيْتِنَا مَعَ بَنَاتِ الْجِيرَانِ .

....

٣- مَاذَا فَعَلْتِ يَوْمَ ٱلسَّبْتِ فِي مَكْتَبَةِ ٱلْمَدْرَسَةِ ؟

.... ؟

٤- سَاعَدَتْ فَاطِمَةُ فِي تَرْتِيبِ ٱلْبَيْتِ .

....

٥- اَلْبَنَاتُ ٱلْمُسْلِمَاتُ يَقْرَأْنَ كِتَابًا عَنْ هِجْرَةِ ٱلرَّسُولِ مِنْ مَكَّةَ إِلَى ٱلْمَدِينَةِ .

....

اَلتَّدْرِيبُ ٱلسَّابِعُ : كُلُّ مَجْمُوعَةٍ مِنَ ٱلْكَلِمَاتِ ٱلتَّالِيَةِ تَشْتَرِكُ فِي خَصَائِصَ مُشْتَرَكَةٍ بِٱسْتِثْنَاءِ وَاحِدَةٍ مِنْهَا. اَلْمَطْلُوبُ مِنَ ٱلتَّلَامِيذِ أَنْ يُحَدِّدُوا الْكَلِمَةَ الشَّاذَّةَ فِي كُلِّ مَجْمُوعَةٍ بِوَضْعِ دَائِرَةٍ حَوْلَهَا كَمَا فِي ٱلْمِثَالِ :

The following groups of words share some common features which justify grouping them together. However, there is one word in each group that is odd. Please identify the odd word by circling it as in the example :

مَكَّةُ، اَلْمَدِينَةُ، غَارُ ثَوْرٍ، تُفَّاحٌ

١- اَلرَّسُولُ ، أَبُو بَكْرٍ ، كَتَبَ ، إِبْرَاهِيمُ .

٢- أَنَا ، أَنْتِ ، بَيْتٌ ، هِيَ .

٣- مَدْرَسَةٌ ، طَالِبٌ ، مَكْتَبَةٌ ، مَزْرَعَةٌ .

٤- طُلَّابٌ ، أَبْقَارٌ ، خُيُولٌ ، دَجَاجٌ .

٥- وَجَدَ ، أَخَذَ ، دِيكٌ ، ذَهَبَ .

٦- اَلْجُمُعَةُ ، اَلسَّبْتُ ، اَلْعَقْلُ ، اَلأَحَدُ .

QUR'ANIC EXAMPLES .... تَطْبِيقَاتٌ قُرآنِيَّةٌ

١- ﴿ ... إِذْ يَقُولُ لِصَـٰحِبِهِ لاَ تَحْزَنْ إِنَّ ٱللَّهَ مَعَنَا ... ﴾ (اَلتَّوْبَةُ : ٤٠)

....

٢- ﴿ وَرَأَيْتَ ٱلنَّاسَ يَدْخُلُونَ فِى دِينِ ٱللَّهِ أَفْوَاجًا ﴾ (اَلنَّصْرُ : ٢)

....

❋ ❋ ❋

At the time when .... إِذْ	And you have seen ..... وَرَأَيْتَ
He says .... يَقُولُ	The people.................. ٱلنَّاسَ
To his companion ...... لِصَـٰحِبِهِ	(They) entering .... يَدْخُلُونَ
Do not, have no .... لاَ	In , into .... فِى
To be sad, to grieve ...... تَحْزَنْ	(The) religion (of) .... دِينِ
Surely, verily, indeed .... إِنَّ	Allah .... ٱللَّهِ
Allah .... ٱللَّهَ	In large numbers .... أَفْوَاجًا
With us .... مَعَنَا	

❋ ❋ ❋

Please follow the same instructions given in Lesson One, page 4.

Please follow the same instructions given in Lesson One, page 5 .

ذُو ٱلْجَلَالِ وَٱلْإِكْرَامِ * ٱلْمُقْسِطُ * ٱلْجَامِعُ

ذُو ٱلْجَلَالِ وَٱلْإِكْرَامِ * ٱلْمُقْسِطُ * ٱلْجَامِعُ

ذُو ٱلْجَلَالِ وَٱلْإِكْرَامِ * ٱلْمُقْسِطُ * ٱلْجَامِعُ

The Gatherer, The Collecter. * The Equitable, The Impartial. * The Lord of Majesty and Bounty, The Possessor of Highest Reverence.

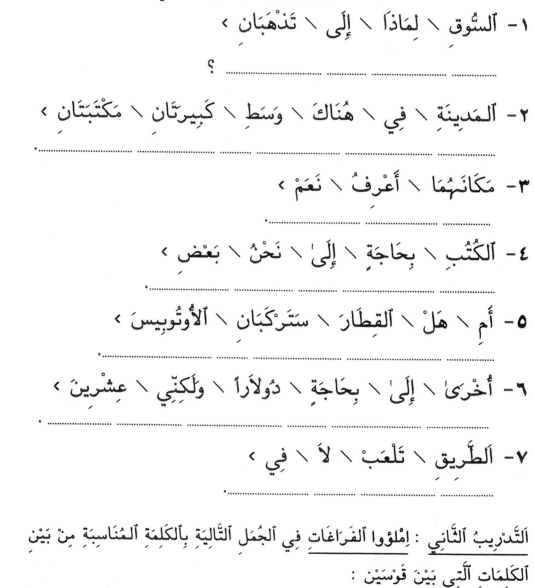

اَلدَّرْسُ اَلثَّامِنُ

اَلتَّدْرِيبُ اَلأَوَّلُ: رَتِّبُوا اَلْكَلِمَاتِ اَلآتِيَةَ لِتَكْوِينِ جُمَلٍ مُفِيدَةٍ ، ثُمَّ اَكْتُبُوهَا فِي اَلْفَرَاغَاتِ:

Rearrange the order of the words to produce meaningful sentences, then write them down on the spaces underneath them :

١- اَلسُّوق \ لِمَاذَا \ إِلَى \ تَذْهَبَانِ ›

.... ؟

٢- اَلْمَدِينَةِ \ فِي \ هُنَاكَ \ وَسَطِ \ كَبِيرَتَانِ \ مَكْتَبَتَانِ ›

....

٣- مَكَانَهُمَا \ أَعْرِفُ \ نَعَمْ ›

....

٤- اَلْكُتُبِ \ بِحَاجَةٍ \ إِلَى \ نَحْنُ \ بَعْضِ ›

....

٥- أَمِ \ هَلْ \ اَلْقِطَارَ \ سَتَرْكَبَانِ \ اَلأُوتُوبِيسَ ›

....

٦- أُخْرَى \ إِلَى \ بِحَاجَةٍ \ دُولَارًا \ وَلَكِنِّي \ عِشْرِينَ ›

. ...

٧- اَلطَّرِيقِ \ تَلْعَبْ \ لَا \ فِي ›

....

اَلتَّدْرِيبُ اَلثَّانِي : اِمْلَؤُوا اَلْفَرَاغَاتِ فِي اَلْجُمَلِ اَلتَّالِيَةِ بِالْكَلِمَةِ اَلْمُنَاسِبَةِ مِنْ بَيْنِ اَلْكَلِمَاتِ اَلَّتِي بَيْنَ قَوْسَيْنِ :

Fill in the blanks in the following sentences with the appropriate word of those given in parenthesis :

١- أَنَا .... إِلَى اَلسُّوقِ ، يَا أُمِّي . (سَيَذْهَبُ \ ذَاهِبٌ \ تَذْهَبَانِ)

٢- نَحْنُ بِحَاجَةٍ .... بَعْضِ ٱللَّوَازِمِ ٱلْمَدْرَسِيَّةِ. (أَمْ \ هَلْ \ إِلَىٰ)

٣- هُمَا تَقَعَانِ .... مَحَطَّةِ ٱلْقِطَارِ . (وَسَطَ \ قُرْبَ \ هُنَاكَ)

٤- هٰذِهِ عِشْرُونَ .... (دُولَاراً \ فُلُوسٌ \ دُولَارَاتٍ)

٥- وَلٰكِنْ لَا تَتَأَخَّرْ .... ٱلسُّوقِ . (إِلَىٰ \ فِي \ مَعَ)

٦- لَا .... يَا أُمِّي . (خُذْ \ خَافَتْ \ تَخَافِي)

٧- .... ٱللِّقَاءِ يَا أُمِّي . (فِي \ إِلَىٰ \ لَا)

<u>ٱلتَّدْرِيبُ ٱلثَّالِثُ</u> : أَعِيدُوا كِتَابَةَ ٱلْجُمَلِ ٱلتَّالِيَةِ مُرَاعِينَ <u>تَصْرِيفَ ٱلْفِعْلِ مَعَ مُخَاطَبِ</u> <u>ٱلْمُفْرَدِ ٱلْمُؤَنَّثِ</u>، كَمَا فِي ٱلْمِثَالِ :

Following the given example, <u>rewrite</u> the following sentences <u>to make the negative command corresponding to second</u> <u>person feminine singular</u> :

<u>لَا تَلْعَبْ</u> فِي ٱلْحَدِيقَةِ . ‹ <u>لَا تَلْعَبِي</u> فِي ٱلْحَدِيقَةِ .

١- لَا تَذْهَبْ إِلَىٰ ٱلسُّوقِ . ‹ ....

٢- لَا تَدْخُلْ هٰذَا ٱلْبَيْتَ . ‹ ....

٣- لَا تَأْكُلْ هٰذَا ٱلطَّعَامَ . ‹ ....

٤- لَا تَفْتَحْ شُبَّاكَ غُرْفَتِكَ . ‹ ....

٥- لَا تَقْعُدْ بِلَا عَمَلٍ . ‹ ....

٦- لَا تَضْرِبْ كَلْبَ ٱلْجِيرَانِ . ‹ ....

٧- لَا تَشْرَبْ هٰذَا ٱلْمَاءَ . ‹ ....

٨- لَا تَجْلِسْ هُنَا. ‹ ....

٩- لَا تَرْكَبْ هٰذِهِ ٱلسَّيَّارَةَ . › ....

١٠- لَا تَخَفْ يَا أَبِي . › .... يَا أُمِّي .

ٱلتَّدْرِيبُ ٱلرَّابِعُ : أَعِيدُوا كِتَابَةَ ٱلْجُمَلِ ٱلتَّالِيَةِ بَعْدَ تَحْوِيلِ ٱلْفِعْلِ ٱلْمُضَارِعِ لِلْمُخَاطَبِ

ٱلْمُذَكَّرِ ٱلْمُفْرَدِ لِيُنَاسِبَ فَاعِلاً مُثَنّىً ، كَمَا فِي ٱلْمِثَالِ :

Rewrite the following sentences after changing the underlined second person masculine singular conjugated verb to what corresponds to a <u>dual subject of the same person</u> , as in the given example :

هَلْ <u>تَذْهَبُ</u> إِلَى ٱلسُّوقِ ؟ › هَلْ <u>تَذْهَبَانِ</u> إِلَى ٱلسُّوقِ ؟

١- هَلْ <u>تَرْكَبُ</u> ٱلْقِطَارَ أَمِ ٱلْبَاصَ ؟ › .... ؟

٢- هَلْ <u>تُحِبُّ</u> هٰذِهِ ٱلْفَاكِهَةَ ؟ › .... ؟

٣- هَلْ <u>سَتَذْهَبُ</u> مَعِي إِلَى ٱلْمَلْعَبِ ؟ › .... ؟

٤- هَلْ <u>تُرَاجِعُ</u> دُرُوسَكَ كُلَّ يَوْمٍ ؟ › .... ؟

٥- مَاذَا <u>تَفْعَلُ</u> يَوْمَ ٱلْجُمُعَةِ ؟ › .... ؟

٦- مَاذَا <u>تَكْتُبُ</u> ٱلْآنَ ؟ › .... ؟

٧- هَلْ <u>تَسْبَحُ</u> فِي ٱلْبُحَيْرَةِ ؟ › .... ؟

٨- مَاذَا <u>سَتَأْكُلُ</u> ٱلْيَوْمَ ؟ › .... ؟

٩- مَاذَا <u>تَأْكُلُ</u> ؟ › .... ؟

١٠- هَلْ <u>تَلْعَبُ</u> فِي ٱلْحَدِيقَةِ ؟ › .... ؟

١١- أَيْنَ <u>تُصَلِّي</u> صَلَاةَ ٱلْجُمُعَةِ ؟ › .... ؟

اَلتَّدْرِيبُ ٱلْخَامِسُ : أَعِيدُوا كِتَابَةَ ٱلْجُمَلِ ٱلتَّالِيَةِ بَعْدَ تَغْيِيرِ مَا تَحْتَهُ خَطٌّ إِلَى ٱلْمُثَنَّىٰ ٱلْمَرْفُوعِ ، كَمَا فِي ٱلْمِثَالِ :

Rewrite the following sentences after changing the underlined words to dual, in the nominative, as in the given example :

هُنَاكَ مَكْتَبَةٌ كَبِيرَةٌ فِي ٱلْمَدِينَةِ.› هُنَاكَ مَكْتَبَتَانِ كَبِيرَتَانِ فِي ٱلْمَدِينَةِ .

١- هُوَ طَالِبٌ نَشِيطٌ . › ....

٢- هِيَ مُعَلِّمَةٌ طَيِّبَةٌ . › ....

٣- هُنَاكَ سُوقٌ كَبِيرٌ . › ....

٤- هٰذَا قِطَارٌ سَرِيعٌ . › ....

٥- هٰذِهِ نَاقَةٌ سَرِيعَةٌ . › ....

٦- هٰذَا حَادِثٌ مُهِمٌّ . › ....

٧- هٰذِهِ بُحَيْرَةٌ جَمِيلَةٌ . › ....

٨- هٰذَا ثَعْلَبٌ مَاكِرٌ . › ....

اَلتَّدْرِيبُ ٱلسَّادِسُ : أُكْتُبُوا ٱلصُّورَةَ ٱلصَّحِيحَةَ لِأَلْفَاظِ ٱلْعُقُودِ فِي ٱلْفَرَاغَاتِ ، ثُمَّ ٱقْرَؤُوا جَهْرًا كُلَّ جُمْلَتَيْنِ مُتَقَابِلَتَيْنِ ثَلَاثَ مَرَّاتٍ . لَاحِظُوا ٱلْمِثَالَ :

Write down in letters the multiples - of - ten numerals on the dotted spaces, then read each pair of sentences aloud three times. Follow the example :

مَعِي عِشْرُونَ دُولَارًا . \ رَبِحْتُ عِشْرِينَ دُولَارًا . (٢٠)

١- فِي ٱلْمَدْرَسَةِ .... تِلْمِيذًا. \ لَعِبْتُ مَعَ .... تِلْمِيذًا (٣٠)

٢- هَلْ مَعَكَ .... قَلَمًا ؟ \ هَلِ ٱشْتَرَيْتَ .... قَلَمًا ؟ (٤٠)

٣- فِي ٱلحَدِيقَةِ.................. شَجَرَةً . \ زَرَعَ جَدِّي .... شَجَرَةً . (٥٠)

٤- فِي ٱلمَزْرَعَةِ .... خَرُوفًا. \ اِشْتَرَى أَبِي.................. خَرُوفًا . (٦٠)

٥- فِي مَدْرَسَتِنَا .... مُعَلِّماً. \ مَدْرَسَتُنَا بِحَاجَةٍ إِلَى ....

مُعَلِّماً . (٧٠)

٦- عَلَى ٱلطَّاوِلَةِ .... كِتَاباً. \ قَرَأَ ٱلمُعَلِّمُ .... كِتَاباً. (٨٠)

٧- هَلْ فِي ٱلصُّنْدُوقِ .... بَيْضَةٌ؟ \ وَضَعْتُ فِي ٱلصُّنْدُوقِ

.... بَيْضَةً . (٩٠)

اَلتَّدْرِيبُ ٱلسَّابِعُ : أُكْتُبُوا ٱلكَلِمَاتِ ٱلتَّالِيَةَ فِي ٱلفَرَاغَاتِ بَعْدَ ٱلسَّهْمِ وَٱنْتَبِهُوا بِصِفَةٍ خَاصَّةٍ إِلَى أَشْكَالِ وَنُطْقِ ٱلحُرُوفِ :(د ، ذ ، ر ، ز) :

Write down the following words on the dotted spaces following the arrows, paying special attention to the letters : د ، ذ ، ر ، ز and the similarities and differences between their shapes as well as their sounds :

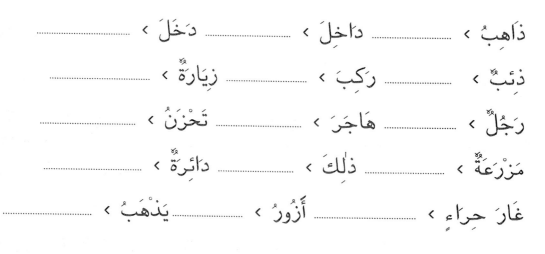

ذَاهِبٌ › .... دَاخِلَ › .... دَخَلَ › ....

ذِئْبٌ › .... رَكِبَ › .... زِيَارَةٌ › ....

رَجُلٌ › .... هَاجَرَ › .... تَحْزَنُ › ....

مَزْرَعَةٌ › .... ذٰلِكَ › .... دَائِرَةٌ › ....

غَارُ حِرَاءٍ › .... أَزُورُ › .... يَذْهَبُ › ....

تَطْبِيقَاتٌ قُرْآنِيَّةٌ .... QUR'ANIC EXAMPLES

١- ﴿ ... قَالَ أَلَيْسَ هٰذَا بِالْحَقِّ قَالُوا بَلَىٰ وَرَبِّنَا... ﴾ (اَلأَنْعَامُ : ٣٠)

....

٢- ﴿ ... فَإِنْ بَغَتْ إِحْدَىٰهُمَا عَلَى ٱلأُخْرَىٰ فَقَٰتِلُوا ٱلَّتِى تَبْغِى.... ﴾

(اَلْحُجُرَاتُ : ٩)

....

✳ ✳ ✳

Transgressed .... بَغَتْ	He said .... قَالَ
One of the two .... إِحْدَىٰهُمَا	Is not ? .... أَلَيْسَ
Against .... عَلَىٰ	With the Truth .... بِالْحَقِّ
The other .... ٱلأُخْرَىٰ	They said .... قَالُوا
Then fight against .... فَقَٰتِلُوا	Yes, true .... بَلَىٰ
That which, the one that ..... ٱلَّتِى	By our Lord................. وَرَبِّنَا
Transgresses .... تَبْغِى	But if .... فَإِنْ

❊ ❊ ❊

Please follow the same instructions given in Lesson One, page 4 .

Please follow the same instructions given in Lesson One, page 5 .

اَلْغَنِىُّ اَلْمُغْنِى اَلْمَانِعُ اَلضَّارُّ

اَلْغَنِىُّ اَلْمُغْنِى اَلْمَانِعُ اَلضَّارُّ

اَلْغَنِىُّ اَلْمُغْنِى اَلْمَانِعُ اَلضَّارُّ

The Distresser, The Afflicter. * The Preventer, The Prohibitor, * The Enricher, The Causer of Richness . * The Self-Sufficient, The Independent .

اَلدَّرْسُ ٱلتَّاسِعُ

اَلتَّدْرِيبُ ٱلأَوَّلُ : إِمْلَؤوا ٱلفَرَاغَاتِ فِي ٱلجُمَلِ ٱلتَّالِيَةِ بِٱلكَلِمَةِ ٱلمُنَاسِبَةِ مِنْ بَيْنِ ٱلكَلِمَاتِ ٱلَّتِي بَيْنَ قَوْسَيْنِ :

Fill in the blanks in the following sentences with the appropriate word of those given in parenthesis :

١- مَاذَا .... إِذَا مَرَرْتَ بِجَمَاعَةٍ، يَا أَمِينُ؟ (أَقُولُ - تَقُولُ - تَقُولِينَ)

٢- إِذَا مَرَرْتُ بِجَمَاعَةٍ أَقُولُ ٱلسَّلَامُ .... (عَلَيْكُمْ-عَلَيْهِمْ -عَلَيْنَا)

٣- يَا سَمِيرَةُ، مَاذَا .... إِذَا جَاءَ ضَيْفٌ؟ (يَقُولُ-قَالَتْ- تَقُولِينَ)

٤-مَاذَا تَقُولُ .... قَدَّمَ أَحَدٌ .... خِدْمَةً ؟ (لَهَا - إِذَا - يَا - لَكَ)

٥- إِذَا أَخْطَأْتُ مَرَّةً .... (جَزَاكَ - نَبْذُلُ - أَعْتَذِرُ)

٦- مَاذَا .... إِذَا حَدَّثَكُمْ أَحَدٌ ؟ (تَفْعَلِينَ - تَفْعَلُ - تَفْعَلُونَ)

٧- .... لِكَلَامِهِ وَنَفْهَمُ مِنْهُ مَا يُرِيدُ . (نُرَحِّبُ - نَسْتَمِعُ - نُقَدِّمُ)

اَلتَّدْرِيبُ ٱلثَّانِي : اِخْتَارُوا ٱلتَّصْرِيفَ ٱلمُنَاسِبَ لِلفِعْلِ ٱلَّذِي يَظْهَرُ بَيْنَ قَوْسَيْنِ فِي نِهَايَةِ ٱلجُمْلَةِ لِمَلَأِ ٱلفَرَاغِ بِمَا يُنَاسِبُ ٱلضَّمِيرَ ٱلَّذِي يَظْهَرُ بَيْنَ قَوْسَيْنِ فِي بِدَايَةِ ٱلجُمْلَةِ، كَمَا فِي ٱلمِثَالِ :

Select the appropriate conjugation of the verb which appears in parenthesis at the end of the sentence to match with the subject pronoun which appears in parenthesis at the beginning of the sentence; follow the given example:

(هُوَ) .... : اَلسَّلَامُ عَلَيْكُمْ . (يَقُولُ) \ (هُوَ) يَقُولُ : اَلسَّلَامُ عَلَيْكُمْ .

١- (أَنَا) .... أَهْلاً وَسَهْلاً . (يَقُولُ)

٢- (أَنْتَ) .... شُكْراً . (يَقُولُ)

٣- (أَنْتِ) .... أَنَا آسِفَةٌ . (يَقُولُ)

٤- (أَنْتُمْ) .... بِٱلضَّيْفِ . (يُرَحِّبُ)

٥- (نَحْنُ) .... لِكَلَامِهِ وَ .... مِنْهُ مَا يُرِيدُ . (يَسْتَمِعُ \ يَفْهَمُ)

٦- (أَنْتُمْ) مَاذَا .... إِذَا حَدَّثَكُمْ أَحَدٌ ؟ (يَفْعَلُ)

٧- (أَنْتِ) هَلْ .... مَا يَقُولُ ؟ (يَفْهَمُ)

<u>اَلتَّدْرِيبُ ٱلثَّالِثُ</u> : <u>اِخْتَارُوا</u> مِنَ ٱلأَفْعَالِ ٱلْمَوْجُودَةِ دَاخِلَ ٱلشَّكْلِ مَا يُنَاسِبُ <u>لِمَلْءِ ٱلْفَرَاغِ</u> ٱلْمُنَاسِبِ لِفِعْلِ ٱلشَّرْطِ أَوْ جَوَابِهِ فِي ٱلْجُمَلِ ٱلتَّالِيَةِ :

From among the verbs inside the box , <u>select</u> the one <u>that best suits to fill in the blank</u> in the following sentences :

طَلَبَ - تَفْعَلُونَ - حَدَّثَنَا - نَفْهَمُ - نَسْتَمِعُ - حَدَّثَكُمْ - نُقَدِّمُ
أَقُولُ - أَخْطَأْتُ - أَعْتَذِرُ - قَدَّمَ - تَقُولِينَ - جَاءَنَا - نُرَحِّبُ -

١- مَاذَا .... إِذَا مَرَرْتِ بِجَمَاعَةٍ ؟

٢- إِذَا .... ضَيْفٌ .... بِهِ وَنَقُولُ : أَهْلاً وَسَهْلاً .

٣- مَاذَا .... إِذَا .... أَحَدٌ لَكَ خِدْمَةً ؟

٤- إِذَا .... مَرَّةً .... وَ .... أَنَا آسِفٌ .

٥- مَاذَا .... إِذَا .... أَحَدٌ ؟

٦- إِذَا .... أَحَدٌ .... لِكَلَامِهِ وَ .... مِنْهُ مَا يُرِيدُ .

٧- مَاذَا .... إِذَا .... أَحَدٌ مِنْكُمُ ٱلْمُسَاعَدَةَ ؟

٨- إِذَا .... أَحَدٌ مِنَّا ٱلْمُسَاعَدَةَ .... لَهُ ٱلْمُسَاعَدَةَ ٱلَّتِي يَحْتَاجُهَا .

اَلتَّدْرِيبُ ٱلرَّابِعُ : اِخْتَارُوا مِنْ إِجَابَاتِ ٱلْمَجْمُوعَةِ (ب) مَا يُنَاسِبُ الْأَسْئِلَةَ مِنَ الْمَجْمُوعَةِ (أ) وَذَلِكَ بِرَسْمِ خَطٍّ يَصِلُ بَيْنَهُمَا :

Select from the <u>answers</u> of column (ب) what <u>matches</u> the <u>questions</u> of

column (أ) by <u>drawing a connecting line</u>:

(ب)	(أ)
نَقُولُ: شُكْراً، جَزَاكَ ٱللَّهُ خَيْراً .	* مَاذَا تَقُولِينَ إِذَا مَرَرْتِ بِجَمَاعَةٍ ؟
أَبْذُلُ جُهْدِي لِأُقَدِّمَ لَهُ ٱلْمُسَاعَدَةَ .	* مَاذَا تَقُولُ إِذَا جَاءَكُمْ ضَيْفٌ ؟
أَقُولُ : اَلسَّلَامُ عَلَيْكُمْ .	* مَاذَا تَقُولُونَ إِذَا قَدَّمَ أَحَدٌ لَكُمْ خِدْمَةً ؟
أَقُولُ : أَهْلاً وَسَهْلاً .	* مَاذَا تَفْعَلُ إِذَا طَلَبَ أَحَدٌ ٱلْمُسَاعَدَةَ ؟

اَلتَّدْرِيبُ ٱلْخَامِسُ : اِقْرَأُوا ٱلْجُمَلَ ٱلتَّالِيَةَ جَهْراً وَٱنْتَبِهُوا بِصِفَةٍ خَاصَّةٍ إِلَى أَسْمَاءِ ٱلْوَصْلِ ٱلَّتِي تَحْتَهَا خَطٌّ وَعَلَاقَتِهَا بِمَا قَبْلَهَا مِنْ حَيْثُ ٱلتَّعْرِيفُ وَٱلتَّأْنِيثُ وَٱلتَّذْكِيرُ:

Read the following sentences aloud paying special attention to the underlined <u>relative pronouns</u> and their relationship to words preceding them :

١- نَفْهَمُ مِنْهُ <u>مَا</u> يُرِيدُ .

٢- نُقَدِّمُ لَهُ ٱلْمُسَاعَدَةَ <u>ٱلَّتِي</u> يَحْتَاجُهَا .

٣- قَرَأْتُ ٱلْكِتَابَ <u>ٱلَّذِي</u> ٱشْتَرَيْتُهُ .

٤- نَسْتَمِعُ <u>لِمَا</u> يَقُولُ .

٥- هَذَا هُوَ ٱلْمَسْجِدُ <u>ٱلَّذِي</u> أُصَلِّي فِيهِ .

٦- هَذِهِ هِيَ ٱلدَّرَّاجَةُ <u>ٱلَّتِي</u> ٱشْتَرَيْتُهَا .

٧- هَلْ تَدْرُسُ <u>مَا</u> أَدْرُسُ ؟

٨- ذَهَبْتُ إِلَىٰ ٱلسُّوق ٱلَّذِي يَقَعُ وَسَطَ ٱلْمَدِينَةِ .

٩- أَدْرُسُ فِي ٱلْمَدْرَسَةِ ٱلَّتِي تَدْرُسُ فِيهَا .

١٠- يَعْرِفُ ٱلْمُعَلِّمُ مَا نَفْعَلُ .

١١- سَأَفْعَلُ مَا سَتَفْعَلُ أَنْتَ .

١٢- هَٰذِهِ هِيَ ٱلْحَيَوَانَاتُ ٱلَّتِي ٱشْتَرَاهَا أَبِي .

ٱلتَّدْرِيبُ ٱلسَّادِسُ : أُكْتُبُوا ٱلْكَلِمَاتِ ٱلتَّالِيَةَ فِي ٱلْفَرَاغَاتِ بَعْدَ ٱلسَّهْمِ وَٱنْتَبِهُوا بِصِفَةٍ خَاصَّةٍ إِلَىٰ أَشْكَالِ وَنُطْقِ ٱلْحُرُوفِ : (س ، ش)

Write down the following words on the dotted spaces following the arrows, paying special attention to the letters : ش ، س and the similarities and differences between their shapes as well as their sounds :

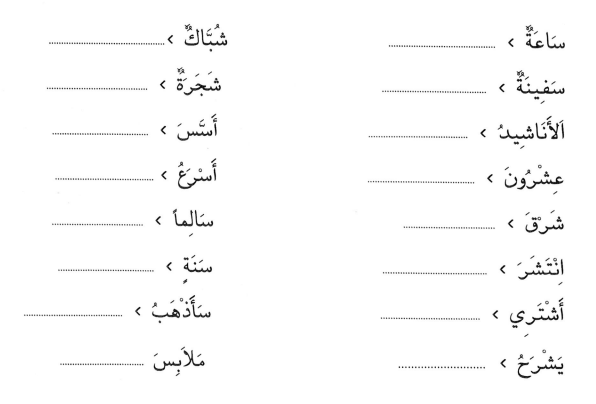

سَاعَةٌ <	شُبَّاكٌ < ....
سَفِينَةٌ <	شَجَرَةٌ < ....
ٱلأَنَاشِيدُ <	أَسَّسَ < ....
عِشْرُونَ <	أَسْرَعُ < ....
شَرْقٌ <	سَالِماً < ....
اِنْتَشَرَ <	سَنَةٌ < ....
أَشْتَرِي <	سَأَذْهَبُ < ....
يَشْرَحُ <	مَلَابِسُ ....

اَلتَّدْرِيبُ ٱلسَّابِعُ : (مُرَاجَعَةٌ : مَاذَا نَفْعَلُ فِي هٰذِهِ ٱلْأَمَاكِنِ ؟) أُرْسُمُوا خَطًّا

يَصِلُ بَيْنَ كُلِّ ٱسْمٍ مِنْ أَسْمَاءِ ٱلْقَائِمَةِ (أ) وَمَا يُنَاسِبُهَا مِنْ عِبَارَاتِ ٱلْقَائِمَةِ (ب) :

(Review : <u>What do we do in these places ?</u>) Draw a line to connect the
words from the list on the right to the phrase which matches it on the left :

(ب)	(أ)
نَذْهَبُ إِلَيْهَا لِنَلْعَبَ وَنَتَنَزَّهَ .	اَلْمَدْرَسَةُ :
نَشْتَرِي مِنْهُ ٱلْفَوَاكِهَ وَٱلْخُضْرَوَاتِ .	اَلْمَزْرَعَةُ :
نَذْهَبُ إِلَيْهَا لِنَسْبَحَ .	اَلسُّوقُ :
نَعِيشُ فِيهِ وَنَنَامُ .	اَلْمَسْجِدُ :
نَذْهَبُ إِلَيْهِ لِلْحَجِّ .	اَلْبُحَيْرَةُ :
نَذْهَبُ إِلَيْهَا لِنَشْتَرِيَ ٱلْكُتُبَ .	اَلْبَيْتُ :
نَذْهَبُ إِلَيْهِ لِنُصَلِّيَ .	اَلْمَكْتَبَةُ :
نُشَاهِدُ فِيهَا ٱلْأَبْقَارَ وَٱلْخِرْفَانَ وَٱلْخُيُولَ .	اَلْحَدِيقَةُ :
نَذْهَبُ إِلَيْهَا لِنَتَعَلَّمَ .	بَيْتُ ٱللهِ ٱلْحَرَامُ :

❋ ❋ ❋

QUR'ANIC EXAMPLES .... تَطْبِيقَاتٌ قُرآنِيَّةٌ

١- ﴿ يَٰأَيُّهَا ٱلَّذِينَ ءَامَنُوا لِمَ تَقُولُونَ مَا لاَ تَفْعَلُونَ ﴾ (اَلصَّفُ : ٢)

....

٢- ﴿ ... إِنَّ ٱللَّهَ يَفْعَلُ مَا يُرِيدُ ﴾ (اَلحَجّ : ١٤)

....

❃ ❃ ❃

O (Vocative particle) ...... يَٰأَيُّهَا

You who .... ٱلَّذِينَ

Believed, believe .... ءَامَنُوا

Why .... لِمَ

You say (plural) .... تَقُولُونَ

That which, that .... مَا

Do not .... لاَ

You do (plural) .... تَفْعَلُونَ

Indeed, surely .... إِنَّ

Allah, the One God .... ٱللَّهَ

He does, He carries out .. يَفْعَلُ

That which, what .... مَا

He wants, He wishes .... يُرِيدُ

❃ ❃ ❃

Please follow the same instructions given in Lesson One, page 4 .

Please follow the same instructions given in Lesson One , page 5 .

اَلنَّافِعُ	اَلنُّورُ	اَلْهَادِى	اَلْبَدِيعُ
اَلنَّافِعُ	اَلنُّورُ	اَلْهَادِى	اَلْبَدِيعُ
اَلنَّافِعُ	اَلنُّورُ	اَلْهَادِى	اَلْبَدِيعُ

The Inventor, The Creator. * The Guider, The Guide. * The Light. * The Propitious, The Beneficial.

اَلدَّرْسُ ٱلعَاشِرُ

اَلتَّدْرِيبُ ٱلأَوَّلُ : اِمْلَؤُوا ٱلفَرَاغَاتِ فِي ٱلجُمَلِ ٱلتَّالِيَةِ بِٱلكَلِمَةِ ٱلمُنَاسِبَةِ مِنْ بَيْنِ ٱلكَلِمَاتِ ٱلَّتِي بَيْنَ قَوْسَيْنِ :

Fill in the blanks in the following sentences with the appropriate word of those given in parenthesis :

١- فَكِّرْ وَتَأَمَّلْ .... هٰذَا ٱلعُصْفُورِ ! (أَنْ \ مَنْ \ فِي)

٢- يُغَرِّدُ ٱلعُصْفُورُ بِصَوْتٍ .... (صَغِيرٍ \ جَمِيلٍ \ جَمِيلَةً)

٣- مَنْ عَلَّمَهُ .... يَبْنِيَ عُشَّهُ فَوْقَ ٱلأَشْجَارِ ؟ (أَنْ \ مِنْ \ إِلَى)

٤- مَنْ عَلَّمَ ٱلنَّحْلَةَ كَيْفَ .... ٱلطَّرِيقَ إِلَى ٱلأَزْهَارِ ؟ (تَصْنَعُ \ تَعْرِفُ \ تَلْتَقِطُ)

٥- تَصْنَعُ .... مِنَ ٱلأَزْهَارِ عَسَلاً لَذِيذاً . (ٱلزَّهْرَةُ \ ٱلنَّمْلَةُ \ ٱلنَّحْلَةُ)

٦- مَنْ عَلَّمَهَا أَنْ .... بِجِدٍّ وَنَشَاطٍ ؟ (تَعْمَلُ \ تَعْمَلَ \ يَعْمَلُ)

٧- تَأَمَّلْ فِي ٱلإِنْسَانِ ٱلمُفَكِّرِ .... يَتَعَلَّمُ ٱلقِرَاءَةَ وَٱلكِتَابَةَ . (ٱلَّتِي \ مَنْ \ ٱلَّذِي)

اَلتَّدْرِيبُ ٱلثَّانِي : اِقْرَؤُوا جَهْراً كُلَّ جُمْلَتَيْنِ مُتَقَابِلَتَيْنِ وَٱنْتَبِهُوا بِصِفَةٍ خَاصَّةٍ إِلَى ٱلتَّذْكِيرِ وَٱلتَّأْنِيثِ فِيمَا تَحْتَهُ خَطٌّ مِنَ ٱلتَّرَاكِيبِ :

Read aloud each pair of sentences, paying special attention to the masculine-feminine aspect of the underlined demonstrative phrases :

١- فَكِّرْ فِي هٰذَا ٱلعُصْفُورِ ٱلصَّغِيرِ! فَكِّرْ فِي هٰذِهِ ٱلنَّحْلَةِ ٱلصَّغِيرَةِ !

٢- تَأَمَّلْ فِي هٰذَا ٱلطِّفْلِ ٱلجَمِيلِ ! تَأَمَّلْ فِي هٰذِهِ ٱلطِّفْلَةِ ٱلجَمِيلَةِ !

٣- فَكِّرْ فِي هٰذَا ٱلعَسَلِ ٱللَّذِيذِ! فَكِّرْ فِي هٰذِهِ ٱلتُّفَاحَةِ ٱللَّذِيذَةِ !

٤- تَأَمَّلْ فِي هٰذَا ٱلأَنْسَانِ ٱلمُفَكِّرِ! تَأَمَّلْ فِي هٰذِهِ ٱلأنسَانَةِ ٱلمُفَكِّرَةِ!

٥- فَكِّرْ فِي هٰذَا ٱلقِطَارِ ٱلسَّرِيعِ ! فَكِّرْ فِي هٰذِهِ ٱلطَّائِرَةِ ٱلسَّرِيعَةِ !

٦- تَأَمَّلْ فِي هٰذَا ٱلقَمَرِ ٱلجَمِيلِ ! تَأَمَّلْ فِي هٰذِهِ ٱلشَّمْسِ ٱلجَمِيلَةِ !

ٱلتَّدْرِيبُ ٱلثَّالِثُ : أَعِيدُوا كِتَابَةَ ٱلفِعْلِ ٱلمَوْجُودِ بَيْنَ قَوْسَيْنِ فِي نِهَايَةِ ٱلجُمْلَةِ فِي ٱلفَرَاغِ مُلَاحِظِينَ وَضْعَ ٱلحَرَكَةِ ٱلصَّحِيحَةِ (عَلَامَةِ ٱلنَّصْبِ) فَوْقَ نِهَايَةِ ٱلفِعْلِ :

Rewrite the verb given in parenthesis on the dotted space of the sentence, making sure to write the appropriate vowel over the last letter of the verb to indicate the subjunctive mood of the verb; follow the example :

مَنْ عَلَّمَ ٱلعُصْفُورَ أَنْ يَطِيرَ ؟ (يَطِير)

١- مَنْ عَلَّمَ ٱلعُصْفُورَ أَنْ .... حَبَّ ٱلأَرْضِ ؟ (يَلْتَقِط)

٢- مَنْ عَلَّمَ ٱلنَّحْلَةَ أَنْ .... مِنْ زَهْرَةٍ إِلَىٰ زَهْرَةٍ ؟ (تَطِير)

٣- مَنْ عَلَّمَ ٱلنَّمْلَةَ أَنْ .... ٱلغِذَاءَ فِي فَصْلِ ٱلصَّيْفِ ؟ (تَجْمَع)

٤- مَنْ عَلَّمَ ٱلنَّحْلَةَ أَنْ .... ٱلغِذَاءَ لِفَصْلِ ٱلشِّتَاءِ ؟ (تَخْزِن)

٥- مَنْ عَلَّمَ ٱلأَنْسَانَ أَنْ .... ٱلصَّارُوخَ ؟ (يَصْنَع)

٦- مَنْ عَلَّمَكَ أَنْ .... وَ .... ؟ (تَقْرَأ ، تَكْتُب)

٧- هَلْ تُرِيدُ أَنْ .... هٰذِهِ ٱلنَّاقَةَ ؟ (تَرْكَب)

٨- يُرِيدُ أَنْ .... إِلَىٰ ٱلسُّوقِ . (يَذْهَب)

٩- هَلْ يُرِيدُ أَنْ .... فِي ٱلحَدِيقَةِ ؟ (يَلْعَب)

١٠- يُرِيدُ أَبِي أَنْ .... بَيْتاً جَدِيداً . (يَبْنِي)

١١- هَل تُرِيدُ أَنْ .... ٱلطَّرِيقَ إِلَى ٱلْمَكْتَبَةِ ؟ (تَعْرِف)

١٢- تُرِيدُ أَنْ .... ٱلْقِرَاءَةَ وَٱلْكِتَابَةَ . (تَتَعَلَّم)

ٱلتَّدْرِيبُ ٱلرَّابِعُ : اِمْلَؤُوا ٱلْفَرَاغَاتِ فِي ٱلْجُمَلِ ٱلتَّالِيَةِ بِمَفْعُولٍ بِهِ مَنْصُوبٍ لِلْفِعْلِ
ٱلْمُتَعَدِّي ٱلَّذِي تَحْتَهُ خَطٌّ : (اِخْتَارُوا مِنَ ٱلْقَائِمَةِ دَاخِلَ ٱلشَّكْلِ)

Fill in the blanks with nouns in the accusative to function as the objects of
the underlined verbs ; select from the list inside the box below:

خِدْمَةً - ٱلْعِلْمَ - ٱلْغِذَاءَ - ٱلْعُصْفُورَ - ٱلْمُسَاعَدَةَ - مَسْجِداً -				
ٱلطَّرِيقَ - عَسَلاً - ٱلْقِرَاءَةَ - حَبَّ - ٱلْكِتَابَةَ - ٱلْأِنْسَانَ				

١- عَلَّمَ ٱللَّهُ .... كَيْفَ يَطِيرُ .

٢- عَلَّمَ ٱللَّهُ .... كَيْفَ يَصْنَعُ ٱلسَّفِينَةَ .

٣- قَدَّمَ لِي صَدِيقِي .... فَقُلْتُ لَهُ : جَزَاكَ ٱللَّهُ خَيْراً .

٤- طَلَبَ أَبِي مِنِّي .... فَسَاعَدْتُهُ .

٥- تَجْمَعُ ٱلنَّمْلَةُ .... فِي فَصْلِ ٱلصَّيْفِ .

٦- يَلْتَقِطُ ٱلْعُصْفُورُ .... ٱلْأَرْضِ لِطَعَامِهِ .

٧- هَلْ تَعْرِفُ .... إِلَى ٱلسُّوقِ ؟

٨- تَصْنَعُ ٱلنَّحْلَةُ .... مِنَ ٱلْأَزْهَارِ .

٩- أَسَّسَ ٱلرَّسُولُ (ص) .... فِي ٱلْمَدِينَةِ .

١٠- يُسَخِّرُ ٱلْأِنْسَانُ .... لِصِنَاعَةِ ٱلصَّارُوخِ .

١١- يَتَعَلَّمُ ٱلطُّلَّابُ فِي ٱلْمَدْرَسَةِ .... وَ ....

اَلتَّدْرِيبُ ٱلخَامِسُ : (مُرَاجَعَةٌ) أُقْرَؤُوا ٱلجُمَلَ ٱلتَّالِيَةَ جَهْراً ثُمَّ ٱكْتُبُوهَا فِي ٱلفَرَاغَاتِ تَحْتَهَا وَٱنْتَبِهُوا بِصِفَةٍ خَاصَّةٍ إِلَىٰ أَشْكَالِ وَنُطْقِ ٱلحُرُوفِ : (ع ، غ) :

(Review) Read the following sentences aloud first, then write them down on the dotted spaces underneath them; paying special attention in both cases to the shapes and sounds of the letters : (ع ، غ) :

١- عِنْدِي عِشْرُونَ عُصْفُوراً صَغِيراً .

....

٢- مَنْ عَلَّمَ ٱلعُصْفُورَ أَنْ يُغَرِّدَ ؟

؟..

٣- اَلغَزَالُ حَيَوَانٌ سَرِيعٌ .

....

٤- تَجْمَعُ ٱلنَّحْلَةُ ٱلغِذَاءَ فِي ٱلرَّبِيعِ .

....

٥- مَاذَا تَعْرِفُ عَنْ غَارِ ثَوْرٍ ؟

؟...

٦- نَعَمْ ، يَتَعَلَّمُ عُمَرُ ٱللُّغَةَ ٱلعَرَبِيَّةَ .

....

اَلتَّدْرِيبُ ٱلسَّادِسُ : (مُرَاجَعَةٌ : مَاذَا نَفْعَلُ بِهَٰذِهِ الأَشْيَاءِ ؟) أُرْسُمُوا خَطًّا يَصِلُ بَيْنَ ٱسْمٍ مِنْ أَسْمَاءِ القَائِمَةِ (أ) وَمَا يُنَاسِبُهَا مِنْ عِبَارَاتِ ٱلقَائِمَةِ (ب) :

(Review : What do we do with these things ?) Matching exercise :

* اَلقَلَمُ :	نَشْرَبُهُ لِنَرْوِيَ عَطَشَنَا .
* اَلقَدُومُ :	نَشْتَرِي بِهَا لَوَازِمَنَا .
* اَلكِتَابُ :	نَنَامُ فِيهِ .
* اَلطَّعَامُ :	نَقْطَعُ بِهِ ٱلحَطَبَ .
* اَلمَاءُ :	نَكْتُبُ بِهِ .
* اَلسَّيَّارَةُ :	نَلْعَبُ بِهَا .
* اَلفُلُوسُ :	نَقْرَأُهُ وَنَتَعَلَّمُ مِنْهُ .
* اَلسَّرِيرُ :	نَعْرِفُ بِهَا ٱلوَقْتَ .
* اَلكُرْسِيُّ :	نَأْكُلُهُ لِنُغَذِّيَ أَجْسَامَنَا .
* اَلثِّيَابُ :	نَرْكَبُهَا لِلذَّهَابِ مِنْ مَكَانٍ إِلَىٰ آخَرَ .
* اَللُّعْبَةُ :	نَجْلِسُ عَلَيْهِ .
* اَلسَّاعَةُ :	نَلْبَسُهَا .

* * *

QUR'ANIC EXAMPLES .... تَطْبِيقَاتٌ قُرآنِيَّةٌ

١- ﴿ ... يَخْرُجُ مِنْ بُطُونِهَا شَرَابٌ مُّخْتَلِفٌ أَلْوَٰنُهُ فِيهِ شِفَآءٌ لِّلنَّاسِ ... ﴾

(ٱلنَّحْل :٦٩)

....

٢- ﴿ ... إِنَّ ٱللَّهَ عَلَىٰ كُلِّ شَىْءٍ قَدِيرٌ ﴾ (ٱلبَقَرَة :٢٠)

....

❋ ❋ ❋

Comes out, exit .... يَخْرُجُ

From .... مِنْ

Their bellies, inside ...... بُطُونِهَا

A drink .... شَرَابٌ

Varying (in) .... مُّخْتَلِفٌ

Its colors .... أَلْوَٰنُهُ

Where in, in it .... فِيهِ

Healing, cure .... شِفَآءٌ

For humans .... لِّلنَّاسِ

Verily, surely, indeed .... إِنَّ

Allah, the One God .... ٱللَّهَ

Over .... عَلَىٰ

Every .... كُلِّ

Thing .... شَىْءٍ

Powerful, has power ..... قَدِيرٌ

❋ ❋ ❋

Please follow the same instructions given in Lesson One, page 4 .

Please follow the same instructions given in Lesson One, page 5.

اَلْبَاقِى اَلْوَارِثُ اَلرَّشِيدُ اَلصَّبُورُ

اَلْبَاقِى اَلْوَارِثُ اَلرَّشِيدُ اَلصَّبُورُ

اَلْبَاقِى اَلْوَارِثُ اَلرَّشِيدُ اَلصَّبُورُ

The Very Patient * The Rational, The Reasonable. * The Supreme Inheritor. * The Everlasting, The Enduring.

اَلدَّرْسُ ٱلْحَادِي عَشَرَ

اَلتَّدْرِيبُ ٱلْأَوَّلُ : اِمْلَؤُوا ٱلْفَرَاغَاتِ فِي ٱلْجُمَلِ ٱلتَّالِيَةِ بِٱلْكَلِمَةِ ٱلْمُنَاسِبَةِ مِنْ بَيْنِ ٱلْكَلِمَاتِ ٱلَّتِي بَيْنَ قَوْسَيْنِ :

Fill in the blanks in the following sentences with the appropriate word of those given in parenthesis :

١- .... ٱلْخَلِيفَةُ بِأَوْلَادٍ يَلْعَبُونَ . (رَأَى \ مَرَّ \ وَقَفَ)

٢- كَانَ ٱلْأَوْلَادُ يَلْعَبُونَ فِي شَارِعٍ مِنْ .... ٱلْمَدِينَةِ . (شَوَارِعِ \ شَارِعٍ \ شُجَاعٌ)

٣- وَكَانَ .... عَبْدُاللَّهِ بْنُ ٱلزُّبَيْرِ . (إِلَّا \ فَلَمَّا \ بَيْنَهُمْ)

٤- فَلَمَّا رَأَى ٱلْأَوْلَادُ ٱلْخَلِيفَةَ هَرَبُوا إِلَّا .... (جَمِيعاً \ وَاحِدٌ \ وَاحِداً)

٥- وَقَفَ فِي مَكَانِهِ وَلَمْ .... (يَهْرُبْ \ هَرَبَ \ يَهْرُبُ)

٦- لِمَاذَا لَمْ تَهْرُبْ .... أَصْحَابِكَ ؟ (فِي \ حَتَّى \ مَعَ)

٦- لَمْ أَرْتَكِبْ .... فَأَخَافُ مِنْكَ . (جَبَانًا \ ذَنْبًا \ ضَيِّقًا)

٧- وَلَسْتُ .... حَتَّىٰ أَهْرُبَ . (وَاحِداً \ جَبَاناً \ قَائِداً)

٨- و .... ٱلطَّرِيقُ ضَيِّقاً حَتَّىٰ أُوسِعَ لَكَ . (لَسْتُ \ لَيْسَ \ لَمْ)

٩- سُرَّ ٱلْخَلِيفَةُ عُمَرُ .... شَجَاعَةِ ٱلْوَلَدِ . (فِي \ مَنْ \ مِنْ)

١٠- أَصْبَحَ ٱلصَّبِيُّ قَائِداً .... (عَظِيماً \ عَظِيمٌ \ شُجَاعٌ)

١١- .... لَكَ شَأْنٌ كَبِيرٌ يَا بُنَيَّ ! (كَانَ \ سَيَكُونُ \ أَصْبَحَ)

اَلتَّدْرِيبُ اَلثَّانِي : أَعِيدُوا كِتَابَةَ الجُمْلَتَيْنِ اَلتَّالِيَتَيْنِ فِي جُمْلَةٍ وَاحِدَةٍ تَحْتَوِي عَلَىٰ تَرْكِيبِ اِسْتِثْنَاءٍ كَمَا فِي الْمِثَالِ :

Rewrite the following two sentences combining them together to form a structure of exception as in the given example :

هَرَبَ ٱلأَوْلاَدُ جَمِيعاً . + لَمْ يَهْرُبْ وَلَدٌ وَاحِدٌ . =
هَرَبَ ٱلأَوْلاَدُ جَمِيعاً إِلاَّ وَلَداً وَاحِداً .

١- ذَهَبَ ٱلتَّلاَمِيذُ إِلَىٰ ٱلمَلْعَبِ . + لَمْ يَذْهَبْ خَالِدٌ =

....

٢- قَرَأْتُ دُرُوسِي . + لَمْ أَقْرَأِ ٱلدَّرْسَ ٱلتَّاسِعَ =

....

٣- تَعْمَلُ ٱلبَنَاتُ بِجِدٍّ وَنَشَاطٍ . + لاَ تَعْمَلُ بِنْتٌ وَاحِدَةٌ . =

....

٤- تُغَرِّدُ ٱلعَصَافِيرُ بِصَوْتٍ جَمِيلٍ . + لاَ يُغَرِّدُ عُصْفُورٌ صَغِيرٌ =

....

٥- تَأْكُلُ ٱلتِّلْمِيذَاتُ ٱلطَّعَامَ . + لاَ تَأْكُلُ فَاطِمَةُ . =

....

٦- يُحِبُّ كُلُّ ٱلتَّلاَمِيذِ ٱلسِّبَاحَةَ + لاَ يُحِبُّ مَحْمُودٌ ٱلسِّبَاحَةَ =

....

اَلتَّدْرِيبُ ٱلثَّالِثُ : أَعِيدُوا كِتَابَةَ ٱلجُمَلِ ٱلتَّالِيَةِ بَعْدَ إِدْخَالِ (لَمْ) ٱلجَازِمَةِ قَبْلَ ٱلفِعْلِ كَمَا فِي ٱلمِثَالِ :

Rewrite the following sentences after inserting the jussive particle (لَمْ) before the verb. Note the change that occurs at the end of the verb :

أَدْرُسُ دَرْسِي . <<< لَمْ أَدْرُسْ دَرْسِي .

١- يَهْرُبُ عَبْدُ ٱللَّهِ مَعَ ٱلأَوْلَادِ . < ....

٢- يَرْتَكِبُ عُمَرُ ذَنْباً . < ....

٣- تَلْعَبُ صَدِيقَتِي فِي ٱلحَدِيقَةِ . < ....

٤- أَرْكَبُ ٱلقِطَارَ إِلَىٰ ٱلسُّوقِ . < ....

٥- يَعْتَذِرُ أَحْمَدُ عَنْ خَطَئِهِ . < ....

٦- تَفْهَمُ هُدَىٰ مَا تُرِيدُ ٱلمُعَلِّمَةُ . < ....

٧- نُرَحِّبُ بِٱلضَّيْفِ فِي ٱلمَدْرَسَةِ . < ....

اَلتَّدْرِيبُ ٱلرَّابِعُ : اِخْتَارُوا مِنَ ٱلاشْتِقَاقَاتِ دَاخِلَ ٱلشَّكْلِ مَا يُنَاسِبُ لِمَلأِ ٱلفَرَاغَاتِ فِي ٱلجُمَلِ ٱلتَّالِيَةِ :

Select the appropriate conjugation from those inside the box to fill in the blanks in the following sentences :

لَيْسَ - لَيْسَتْ - لَسْتَ - لَسْتِ - لَسْتُ
(هُوَ) - (هِيَ) - (أَنْتَ) - (أَنْتِ) - (أَنَا)

١- (هُوَ) .... عَبْدُٱللَّهِ جَبَانًا .

٢- (هِيَ) .... ٱلْمَكْتَبَةُ بَعِيدَةً .

٣- (أَنْتَ) .... طَالِباً فِي هٰذِهِ ٱلْمَدْرَسَةِ .

٤- (أَنْتِ) .... مُعَلِّمَةً فِي مَدْرَسَتِنَا .

٥- (أَنَا) .... قَائِداً عَظِيماً .

ٱلتَّدْرِيبُ ٱلْخَامِسُ : (" أَصْبَحَ " مِنْ أَخَوَاتِ " كَانَ " و " لَيْسَ " وَتَعْمَلُ نَفْسَ عَمَلِهِمَا فِي ٱلْخَبَرِ) . أَعِيدُوا كِتَابَةَ ٱلْجُمَلِ ٱلتَّالِيَةِ بَعْدَ إِدْخَالِ ٱلاشْتِقَاقِ ٱلْمُنَاسِبِ مِنْ بَيْنِ ٱلأَشْتِقَاقَاتِ دَاخِلَ ٱلشَّكْلِ :

(أَصْبَحَ and its conjugations are considered as sisters of كَانَ and لَيْس and their conjugations and they all have the same function in terms of how they affect the predicate of the sentence) . Rewrite the following sentences after inserting the appropriate conjugation from among those inside the diagram :

أَصْبَحَ - أَصْبَحْتَ - أَصْبَحْتَ - أَصْبَحْتِ - أَصْبَحْتُ
(هُوَ) (هِيَ) (أَنْتَ) (أَنْتِ) (أَنَا)

نَمُوذَج : هُوَ قَائِدٌ مَشْهُورٌ . ‹ أَصْبَحَ (هُوَ) قَائِداً مَشْهُوراً .

١- هِيَ تِلْمِيذَةٌ شُجَاعَةٌ . ‹ ....

٢- هُوَ رَجُلٌ مَشْهُورٌ . ‹ ....

٣- أَنْتَ ٱلآنَ رَجُلٌ كَبِيرٌ . ‹ ....

٤- أَنْتِ ٱلآنَ صَدِيقَةٌ عَزِيزَةٌ . ‹ ....

٥- أَنَا قَائِدٌ عَظِيمٌ . ‹ ....

اَلتَّدْرِيبُ ٱلسَّادِسُ : اِقْرَؤُوا ٱلْجُمَلَ ٱلتَّالِيَةَ وَٱنْتَبِهُوا بِصِفَةٍ خَاصَّةٍ إِلَىٰ ٱلأَفْعَالِ ٱللاَّزِمَةِ ٱلَّتِي تَحْتَهَا خَطٌّ ، لاَحِظُوا أَيْضاً فَاعِلَ ٱلْفِعْلِ ٱلَّذِي تَحْتَهُ خَطَّانِ :

Read the following sentences, paying special attention to once-underlined intransitive verbs. The twice-underlined nouns function as subjects or actors of the verbs:

١- مَرَّ ٱلْخَلِيفَةُ بِأَوْلاَدٍ يَلْعَبُونَ .

٢- هَرَبَ ٱلأَوْلاَدُ مِنَ ٱلْخَلِيفَةِ .

٣- وَقَفَ ٱلْوَلَدُ فِي مَكَانِهِ .

٤- لَمْ يَهْرُبْ عَبْدُ ٱللّٰهِ بْنُ ٱلزُّبَيْرِ .

٥- مَرَّتِ ٱلأَيَّامُ وَكَبُرَ ٱلصَّبِيُّ .

٦- يُغَرِّدُ ٱلْعُصْفُورُ بِصَوْتٍ جَمِيلٍ .

٧- تَطِيرُ ٱلنَّحْلَةُ مِنْ زَهْرَةٍ إِلَىٰ زَهْرَةٍ .

اَلتَّدْرِيبُ ٱلسَّابِعُ : (مُرَاجَعَةٌ) اِقْرَؤُوا ٱلْكَلِمَاتِ ٱلتَّالِيَةَ جَهْراً ثُمَّ اُكْتُبُوهَا فِي ٱلْفَرَاغَاتِ بَعْدَهَا وَٱنْتَبِهُوا بِصِفَةٍ خَاصَّةٍ إِلَىٰ أَشْكَالِ وَنُطْقِ ٱلْحَرْفَيْنِ : (ف ، ق) :

(Review) : Read the following words aloud first, then write them down on the dotted spaces following them, paying special attention in both cases to the shapes and sounds of the letters : (ق ، ف) :

فَقَالَ <	قَائِداً <	فَأَخَافَ < ....
ضَيِّقًا <	اَلْخَلِيفَةُ <	وَقَفَ < ....
اَلطَّرِيقُ <	حَفِظَ <	اَلْقُرْآنَ < ....
اَلسُّوقِ <	أَعْرِفُ <	اَلْقِطَارَ < ....
تَكْفِي <	قَدَّمَ <	تَخَافِي < ....

اَلتَّدْرِيبُ ٱلسَّابِعُ : (مُرَاجَعَةٌ : مَاذَا يَفْعَلُ هٰؤُلَاءِ ؟) اُرْسُمُوا خَطًّا يَصِلُ بَيْنَ كُلِّ ٱسْمٍ مِنْ أَسْمَاءِ ٱلْقَائِمَةِ (أ) وَمَا يُنَاسِبُهَا مِنْ عِبَارَاتِ ٱلْقَائِمَةِ (ب) :

(Review : **What do those do** ?) Matching exercise :

* اَلْمُعَلِّمُ : يُعَلِّمُ ٱلتَّلَامِيذَ أَلْعَاباً رِيَاضِيَّةً .
* اَلطَّبَّاخُ : يَقُودُ ٱلنَّاسَ وَيُحَارِبُ فِي سَبِيلِ ٱللَّهِ .
* اَلتِّلْمِيذَةُ : يُحِبُّ جَارَهُ وَيُقَدِّمُ لَهُ ٱلْمُسَاعَدَةَ .
* اَلْمُؤَذِّنُ : تَعْرِفُ أَنَّ ٱللَّهَ يَرَانَا .
* اَلْأُمُّ : يُعْطِي زَكَاةَ أَمْوَالِهِ لِلْفُقَرَاءِ وَٱلْمُحْتَاجِينَ .
* اَلْأَبُ : تَذْهَبُ إِلَى ٱلْمَدْرَسَةِ لِتَتَعَلَّمَ .
* اَلْجَارُ : يَتَعَرَّفُ عَلَى أَحْوَالِ ٱلْمُسْلِمِينَ .
* اَلْقَائِدُ : تُحِبُّ أَوْلَادَهَا وَتُحَضِّرُ لَهُمُ ٱلطَّعَامَ .
* اَلتِّلْمِيذُ ٱلنَّشِيطُ: يَدْعُو ٱلنَّاسَ إِلَى ٱلصَّلَاةِ .
* اَلْمُسْلِمُ : يُحِبُّ أَوْلَادَهُ وَيَعْمَلُ مِنْ أَجْلِهِمْ .
* اَلْخَلِيفَةُ : يَطْبُخُ ٱلطَّعَامَ .
* مُعَلِّمُ ٱلرِّيَاضَةِ : يَصْحُو مِنْ نَوْمِهِ مُبَكِّراً .
* اَلْبِنْتُ ٱلْمُؤْمِنَةُ : يُعَلِّمُنَا ٱلْقِرَاءَةَ وَٱلْكِتَابَةَ .

* * *

QUR'ANIC EXAMPLES .... تَطْبِيقَاتٌ قُرآنِيَّةٌ

١- ﴿ ...كَمَنْ ءَامَنَ بِٱللَّهِ وَٱلْيَوْمِ ٱلْأَخِرِ وَجَـٰهَدَ فِى سَبِيلِ ٱللَّهِ ... ﴾

(ٱلتَّوْبَة : ١٩)

....

٢- ﴿ ..... وَمَآ أُمِرُوٓاْ إِلَّا لِيَعْبُدُوٓاْ إِلَـٰهًا وَاحِدًا ..... ﴾ (ٱلتَّوْبَة : ٣١)

....

❋ ❋ ❋

As those who .... كَمَنْ

Believed (in) .... = ءَ امَنَ

In Allah .... بِٱللَّهِ

And the day .... وَٱلْيَوْمِ

The last .... ٱلْأَخِرَ

And he struggled ...... وَجَـٰهَدَ

In .... فِى

Path, way (of)........... سَبِيلِ

Allah .... ٱللَّهِ

And not .... وَمَا

They were commanded .. أُمِرُوٓاْ

But, except .... إِلَّا

That they worship ...... لِيَعْبُدُوٓاْ

God................................. إِلَـٰهًا

One .... وَاحِدًا

❋ ❋ ❋

Please follow the same instructions given in Lesson One, page 4 .

فِي ٱلْقُرْآنِ ٱلْكَرِيمِ يَتَكَرَّرُ ٱلْفِعْلُ (يُحِبُّ) مَعَ لَفْظِ ٱلْجَلَالَةِ (ٱللَّهُ) مَرَّاتٍ

كَثِيرَةً أَحْيَاناً مُثْبَتاً وَأَحْيَاناً مَنْفِيّاً بِـ (لَا ٱلنَّافِيَةِ) . سَوْفَ نَدْرُسُ إِبْتِدَاءً

مِنْ هَذَا ٱلدَّرْسِ نَمَاذِجَ مِنْ هَذِهِ ٱلتَّرَاكِيبِ ٱلْقُرْآنِيَّةِ :

In the Glorious Qur'an, the verb (يُحِبُّ) occurs many times in conjunction

with things and people that Allah (God) loves and other things and people
that He does not love. Starting this section of the lesson, <u>we will learn some
linguistic structures which contain the above verb</u>, used <u>affirmatively</u> and
<u>negatively</u>:

Instructions:

1- The teacher will read these *'Ayat* aloud in the classroom while the
students repeat after him / her for at least three times.
2. The students will copy the *'Ayat* on the dotted lines underneath them.
3. The students will study the meanings of the listed vocabulary contained in
these *'Ayat*.
4. Translate the *'Ayat* into English (*Collective Activity*) .
5. Reflect on the meanings and message of these *'Ayat*.

١- ﴿ ... وَأَحْسِنُوا إِنَّ ٱللَّهَ يُحِبُّ ٱلْمُحْسِنِينَ ﴾ (ٱلْبَقَرَة : ١٩٥)

....

٢- ﴿ وَلَا تَعْتَدُوا إِنَّ ٱللَّهَ لَا يُحِبُّ ٱلْمُعْتَدِينَ ﴾ (ٱلْبَقَرَة : ١٩٠)

....

* * *

And do not	وَلَا	And do good	وَأَحْسِنُوا
Trangress limits	تَعْتَدُوا	Indeed, surely, verily	إِنَّ
Does not, not ....لَا		Allah (The One God)	ٱللَّهَ
The transgressors	ٱلْمُعْتَدِينَ	(He) loves	يُحِبُّ
		Who do good	ٱلْمُحْسِنِينَ

* * *

اَلدَّرْسُ ٱلثَّانِي عَشَرَ

اَلتَّدْرِيبُ ٱلأَوَّلُ : اِمْلَؤُوا الفَرَاغَاتِ فِي ٱلجُمَلِ ٱلتَّالِيَةِ بِٱلكَلِمَةِ المُنَاسِبَةِ مِنْ بَيْنِ ٱلكَلِمَاتِ ٱلَّتِي بَيْنَ قَوْسَيْنِ :

Fill in the blanks in the following sentences with the appropriate word of those given in parenthesis :

١- دَرْسٌ .... ٱلطَّعَامِ وَٱلشَّرَابِ . (عَلَى \ إِلَى \ عَنْ)

٢- .... أَهَمِّيَّةُ ٱلطَّعَامِ يَا أَعِزَّائِي . (هَلْ \ مَا \ مَنْ)

٣- اَلطَّعَامُ يُقَوِّي ٱلجِسْمَ وَ.................... ٱلصِّحَّةَ . (يُفِيدُ \ تُفِيدُ \ يَأْكُلُ)

٤- اَلبَطَاطَا مِنَ .... (ٱللُّحُومِ \ ٱلحُبُوبِ \ ٱلخُضَارِ)

٥- .... مِنَ ٱلحُبُوبِ . (اَلبَاذِنْجَانُ \ اَلتِّينُ \ اَلقَمْحُ)

٦-يَا نَبِيلَةُ، .... لَنَا بَعْضَ أَنْوَاعِ ٱلحُبُوبِ . (أُذْكُرْ \ أُذْكُرِي \ يَذْكُرُ)

٧-.................... يَا أَعِزَّائِي ٱلصِّغَارَ ! (أَحْسَنْتَ \ أَحْسَنُوا \ أَحْسَنْتُمْ)

٨-سَنَتَنَاوَلُ ٱلطَّعَامَ مَعاً يَوْمَ ٱلجُمُعَةِ .... (ٱلمَاضِي \ أَمْسِ \ ٱلقَادِمِ)

اَلتَّدْرِيبُ ٱلثَّانِي : أَجِيبُوا عَنِ ٱلجُمَلِ ٱلتَّالِيَةِ بِـ "صَوَابٌ" أَمْ "خَطَأٌ" :

The word (صَوَابٌ) means:"*correct, right* " and the word (خَطَأٌ) means: "*incorrect ,wrong* " . Please read the following sentences aloud, then answer with one of the above Arabic terms as in the given example:

اَلطَّعَامُ لَيْسَ ضَرُورِيّاً لِلإِنْسَانِ . (خَطَأٌ)

١- حَاجَتُنَا إِلَى ٱلشَّرَابِ مِثْلُ حَاجَتِنَا إِلَى ٱلطَّعَامِ . (   )

٢- اَللَّبَنُ لاَ يُغَذِّي أَجْسَامَنَا . (   )

٣- نَحْتَاجُ إِلَى ٱلْمَاءِ لِنَرْوِيَ عَطَشَنَا . (   )

٤- اَللُّحُومُ أَنْوَاعٌ مُتَعَدِّدَةٌ . (   )

٦- اَلْقَمْحُ مِنَ ٱلْحُبُوبِ . (   )

٧- اَلْبَصَلُ مِنَ ٱلْخُضَارِ . (   )

٨- اَلْبُرْتُقَالُ مِنَ ٱلْحُبُوبِ . (   )

٩- اَلْبَطِّيخُ وَٱلتَّمْرُ مِنَ ٱلْفَاكِهَةِ . (   )

اَلتَّدْرِيبُ ٱلثَّالِثُ : اِقْرَأُوا ٱلْجُمَلَ ٱلتَّالِيَةَ جَهْراً وَٱنْتَبِهُوا بِصِفَةٍ خَاصَّةٍ إِلَى حَرْفِ ٱلْمَصْدَرِ ٱلنَّاصِبِ (لِ) وَعَمَلُهُ فِي ٱلْفِعْلِ ٱلْمُضَارِعِ :

Read the following sentences aloud , paying special attention to the <u>subjunctive particle</u> (لِ) and notice how it <u>affects the case ending</u> of the following <u>verb</u>:

١- نَحْتَاجُ إِلَى ٱلْمَاءِ لِنَرْوِيَ عَطَشَنَا .

٢- نَشْرَبُ ٱللَّبَنَ لِنُغَذِّيَ أَجْسَامَنَا .

٣- نَأْكُلُ ٱلطَّعَامَ لِنُقَوِّيَ أَجْسَامَنَا .

٤- نَذْهَبُ إِلَى ٱلْمَدْرَسَةِ لِنَتَعَلَّمَ ٱلْقِرَاءَةَ وَٱلْكِتَابَةَ .

٥- نَرْكَبُ ٱلدَّرَّاجَةَ لِنَذْهَبَ إِلَى ٱلْمَدْرَسَةِ .

٦- نَذْهَبُ إِلَى ٱلْمَلْعَبِ لِنَلْعَبَ كُرَةَ ٱلْقَدَمِ .

٧- نَذْهَبُ إِلَى ٱلْمَطْعَمِ لِنَأْكُلَ هُنَاكَ .

٨- نَذْهَبُ إِلَى ٱلسُّوقِ لِنَشْتَرِيَ ٱلْفَاكِهَةَ وَٱلْخُضْرَوَاتِ .

٩- يَسِيرُ ٱلْخَلِيفَةُ فِي ٱللَّيْلِ لِيُسَاعِدَ ٱلْمُحْتَاجِينَ .

اَلتَّدْرِيبُ ٱلرَّابِعُ : (مُرَاجَعَةٌ) اِقْرَأُوا ٱلْكَلِمَاتِ ٱلتَّالِيَةَ جَهْراً ثُمَّ اُكْتُبُوهَا فِي ٱلْفَرَاغَاتِ بَعْدَهَا وَٱنْتَبِهُوا بِصِفَةٍ خَاصَّةٍ إِلَى أَشْكَالِ وَنُطْقِ الْحَرْفَيْنِ : (ك ، ل) :

(Review) : Read the following words aloud first, then write them down on the dotted spaces following them, paying special attention in both cases to the shapes and sounds of the letters (ك ، ل) :

اَللَّبَنَ ‹ .... اَلْفَوَاكِهُ ‹ .... اَلْعَسَلُ ‹ ....

اَلأَسْمَاكِ ‹ .... اَلْبَصَلَ ‹ .... تَأْكُلُونَ ‹ ....

هُنَاكَ ‹ .... لِتَنَاوُلِ ‹ .... اَلأَكْلِ ‹ ....

لَكَ ‹ .... تَقُولِينَ ‹ .... فَكِّرْ ‹ ....

كَيْفَ ‹ .... اَلْعِلْمُ ‹ .... ذٰلِكَ ‹ ....

اَلتَّدْرِيبُ ٱلْخَامِسُ : (مُرَاجَعَةٌ : مَاذَا تُعْطِينَا هٰذِهِ ٱلْحَيَوَانَاتُ وَٱلنَّبَاتَاتُ ؟)

اُرْسُمُوا خَطًّا يَصِلُ بَيْنَ كُلِّ ٱسْمٍ مِنْ أَسْمَاءِ الْقَائِمَةِ (أ) وَمَا يُنَاسِبُهَا مِنْ عِبَارَاتِ الْقَائِمَةِ (ب) :

(Review : **What do these animals and plants give** us ?) Matching exercise :

※ اَلنَّحْلَةُ :	تُعْطِينَا ٱلْحَطَبَ وَٱلْفَاكِهَةَ .
※ اَلنَّخْلَةُ :	تُعْطِينَا ٱللَّبَنَ وَٱللَّحْمَ .
※ اَلْبَقَرَةُ :	تُعْطِينَا ٱلْعَسَلَ .
※ اَلدَّجَاجَةُ :	تُعْطِينَا ٱلتَّمْرَ .
※ اَلشَّجَرَةُ :	تُعْطِينَا ٱلْبَيْضَ .

اَلتَّدْرِيبُ ٱلسَّادِسُ : (مُرَاجَعَةٌ) أُرْسُمُوا خَطًّا يَصِلُ ٱلْكَلِمَاتِ وَمَا يُنَاسِبُهَا مِنْ أَسْمَاءِ ٱلفِئَاتِ ٱلمَكْتُوبَةِ دَاخِلَ ٱلدَّوَائِرِ :

(Review : Categorization) : Draw a line to connect the nouns to one of the categories listed inside the circles :

* اَللَّبَنُ	إِنْسَانٌ	* اَلجُبْنَةُ
* عَصِيرُ ٱلتُّفَاحِ		* اَلمَاءُ
* اَلتِّينُ	حَيَوَانٌ	* اَلمُؤَذِّنُ
* اَلبَيْضُ		* بَطَاطَا
* اَلرَّسُولُ (ص)	نَبَاتٌ	* أُمِّي
* عَصِيرُ ٱلبُرْتُقَالِ		* اَلحِمَارُ
* أَبُو بَكْرٍ	طَعَامٌ	* عَائِشَةُ
* اَلتَّمْرُ		* اَلنَخْلَةُ
* اَلقِرْدُ		* أَبِي
* اَلعَسَلُ	شَرَابٌ	* اَلفِيلُ
* اَلأَسْمَاكُ		* اَلعِنَبُ
* عُمَرُ بْنُ ٱلخَطَّابِ		* اَلبُرْتُقَالُ
* اَلبَصَلُ	فَاكِهَةٌ	* اَلسَّمَكُ
* مُعَلِّمُ ٱلرِّيَاضَةِ		* اَلذِّئْبُ

* * *

QUR'ANIC EXAMPLES .... تَطْبِيقَاتٌ قُرآنِيَّةٌ

١- ﴿..... كُلُّ ٱلطَّعَامِ كَانَ حِلاً لِّبَنِىٓ إِسْرَآءِيلَ .....﴾ (آل عِمْرَان : ٩٣)

....

٢- ﴿..... لَّكُمْ فِيهَا فَوَاكِهُ كَثِيرَةٌ وَمِنْهَا تَأْكُلُونَ ﴾ (المُؤْمِنُون : ١٩)

....

❀ ❀ ❀

All .... كُلُّ	For you, you have .... لَكُمْ
The food .... ٱلطَّعَامِ	In them (Gardens) .... فِيهَا
Was .... كَانَ	Fruits .... فَوَاكِهُ
Lawful .... حِلاً	Abundant, many .... كَثِيرَةٌ
For (the) children .... لِّبَنِىٓ	And of them .... وَمِنْهَا
Israel .... إِسْرَآءِيلَ	You eat (Plural) .... تَأْكُلُونَ

❋ ❋ ❋

Please follow the same instructions given in Lesson One, page 4.

Please follow the same instructions given in Lesson 11, page 74.

١- ﴿ ... إِنَّ ٱللَّهَ يُحِبُّ ٱلتَّوَّابِينَ وَيُحِبُّ ٱلْمُتَطَهِّرِينَ ﴾ (ٱلْبَقَرَة : ٢٢٢)

....

٢- ﴿ ... وَٱللَّهُ لَا يُحِبُّ ٱلْفَسَادَ ﴾ (ٱلْبَقَرَة : ٢٠٥)

....

٣- ﴿ ... فَإِنَّ ٱللَّهَ يُحِبُّ ٱلْمُتَّقِينَ ﴾ (آل عِمْرَان : ٧٦)

....

٤- ﴿ ... وَٱللَّهُ لَا يُحِبُّ كُلَّ كَفَّارٍ أَثِيمٍ ﴾ (ٱلْبَقَرَة : ٢٧٦)

....

* * *

Surely, indeed, verily .... إِنَّ

Allah = God .... ٱللَّهَ

Loves (He) .... يُحِبُّ

Those who repent .... ٱلتَّوَّابِينَ

And He loves .... وَيُحِبُّ

Those who are .... ٱلْمُتَطَهِّرِينَ
pure and clean .

* * *

For verily .... فَإِنَّ (فَ + إِنَّ)

And Allah .... وَٱللَّهُ (وَ + ٱللَّهُ)

Does not, not .... لَا

Loves (He) .... يُحِبُّ

(The) mischief ....ٱلْفَسَادَ

* * *

Every .... كُلَّ

Ungrateful .... كَفَّارٍ

Sinner .... أَثِيمٍ

Who act aright, those who are God-Conscious................................. ٱلْمُتَّقِينَ

اَلدَّرْسُ ٱلثَّالِثَ عَشَرَ

<u>اَلتَّدْرِيبُ ٱلأَوَّلُ</u> : <u>اِمْلَؤُوا الفَرَاغَاتِ</u> فِي ٱلجُمَلِ ٱلتَّالِيَةِ بِٱلكَلِمَةِ ٱلمُنَاسِبَةِ مِنْ بَيْنِ ٱلكَلِمَاتِ ٱلَّتِي بَيْنَ قَوْسَيْنِ :

<u>Fill in the blanks</u> in the following sentences with the appropriate word of those given in parenthesis :

١- .... فِي ٱلدَّرْسِ ٱلمَاضِي عَنِ ٱلطَّعَامِ . (تَدْرُسُونَ \ نَدْرُسُ \ دَرَسْتُمْ)

٢- .... أَهَمِّيَتَهُمَا لِلأِنْسَانِ وَٱلحَيَوَانِ وَٱلنَّبَاتِ . (أَكَلْتُمْ \ عَرَفْتُمْ \ شَرِبْتُمْ)

٣- هَلْ تَأْكُلُونَ وَ .... كُلَّ شَيْءٍ تَجِدُونَهُ ؟ (تَشْرَبُ \ تَشْرَبُونَ \ ٱلشَّرَابَ)

٤ - يَجِبُ أَنْ يَكُونَ ٱلطَّعَامُ .... (نَظِيفٌ \ نَظِيفاً \ طَاهِرٌ)

٥- هُنَاكَ مَأْكُولاَتٌ يَجِبُ أَنْ .... قَبْلَ ٱلأَكْلِ . (نَطْبُخَهَا \ نَشْرَبَهَا \ نَأْكُلَهَا)

٦- يَجِبُ أَنْ نَأكُلَ .... نَجُوعُ . (قَبْلَ \ عِنْدَمَا \ بَعْدَ)

٧- يَجِبُ أَنْ .... ٱلفَاكِهَةَ قَبْلَ أَكْلِهَا . (نَطْبُخَ \ نَغْسِلَ \ نَمْضُغَ)

٨- يَجِبُ أَنْ .... عِنْدَمَا نَعْطَشُ . (نَأْكُلَ \ نَشْرَبَ \ نَمْضُغَ)

٩- يَجِبُ أَنْ .... ٱلطَّعَامَ جَيِّداً . (نَمْضُغَ \ نَشْرَبَ \ نَعْطَشَ)

١٠- وَ .... نُحْدِثُ صَوتاً عِنْدَ ٱلشُّرْبِ . (قَدْ \ بَعْدَ \ لاَ)

١١- نَقُولُ قَبْلَ ٱلأَكْلِ .... (اَلْحَمْدُ لِلَّهِ \ بِسْمِ ٱللَّهِ \ شُكْراً)

اَلتَّدْرِيبُ اَلثَّانِي : أَجِيبُوا عَنِ اَلْجُمَلِ اَلتَّالِيَةِ بِـ "صَوَابٌ" أَمْ "خَطَأٌ" :

The word (صَوَابٌ) means:"*correct, right* " and the word (خَطَأٌ) means: "*incorrect ,wrong* " . Please read the following sentences aloud, then answer with one of the above Arabic terms as in the given example:

يَجِبُ أَنْ نَأْكُلَ عِنْدَمَا نَعْطَشُ . (خَطَأٌ)

١- مِنَ اَلْمُهِمِّ جِدّاً أَنْ نَغْسِلَ أَيْدِينَا قَبْلَ اَلْأَكْلِ وَبَعْدَهُ . ( )

٢- يَجِبُ أَنْ نَقُولَ قَبْلَ اَلْأَكْلِ أَوِ اَلشُّرْبِ : ﴿ بِسْمِ اَللَّهِ ﴾ . ( )

٣- يَجِبُ أَنْ نُحْدِثَ صَوتاً عِنْدَ اَلشُّرْبِ . ( )

٤- كَثْرَةُ اَلطَّعَامِ وَاَلشَّرَابِ قَدْ تَضُرُّ بِاَلصِّحَةِ . ( )

٥- يَجِبُ أَنْ نَشْرَبَ عِنْدَمَا نَجُوعُ . ( )

٦- يَجِبُ أَنْ نَغْسِلَ اَلْفَاكِهَةَ وَاَلْخُضْرَوَاتِ قَبْلَ أَكْلِهَا . ( )

٧- يَجِبُ أَنْ لاَ نَطْبُخَ اَللُّحُومَ قَبْلَ اَلْأَكْلِ . ( )

اَلتَّدْرِيبُ اَلثَّالِثُ : اِخْتَارُوا اَلْأِشْتِقَاقَ اَلْمُنَاسِبَ لِمَلْءِ اَلْفَرَاغَاتِ فِي اَلْجُمَلِ اَلتَّالِيَةِ بِمَا يَتَنَاسَبُ مَعَ اَلْفَاعِلِ اَلْمَذْكُورِ بَيْنَ قَوسَيْنِ قَبْلَ بِدَايَةِ اَلْجُمْلَةِ ، كَمَا فِي اَلْمِثَالِ :

Select the appropriate conjugation from among those given in parenthesis at the end of the sentence to fill in the blank according to the particular subject given in parenthesis at the beginning of the sentence. Follow the given example:

(نَحْنُ) يَجِبُ أَنْ نَأْكُلَ عِنْدَمَا نَجُوعُ . (يَأْكُلُ \ نَأْكُلَ \ تَأْكُلُ)

١- (أَنْتِ) يَجِبُ أَنْ .... اَلطَّعَامَ جَيِّداً. (تَمْضَغُ\ أَمْضَغُ\تَمْضَغِي)

٢- (هُوَ) يَجِبُ أَنْ .... عِنْدَمَا يَعْطَشُ . (يَشْرَبَ\تَشْرَبَ\نَشْرَبَ)

٣- (هِيَ) يَجِبُ أَنْ .... إِلَى ٱلْمَدْرَسَةِ . (تَذْهَبِي\نَذْهَبَ\تَذْهَبَ)

٤- (أَنْتَ) يَجِبُ أَنْ .... يَدَيْكَ قَبْلَ ٱلأَكْلِ . (تَغْسِلِي\تَغْسِلَ\أَغْسِلَ)

٥- (أَنَا) يَجِبُ أَنْ .... عِنْدَمَا أُخْطِئُ . (يَعْتَذِرَ\أَعْتَذِرَ\نَعْتَذِرَ)

٦- (نَحْنُ) يَجِبُ أَنْ .... فِي دُرُوسِنَا . (أُفَكِّرَ\تُفَكِّرُوا\نُفَكِّرَ)

٧- (أَنْتُمْ) يَجِبُ أَنْ .... بِٱعْتِدَالٍ . (تَأْكُلُوا\يَأْكُلُوا\يَأْكُلْنَ)

ٱلتَّدْرِيبُ ٱلرَّابِعُ : أَعِيدُوا كِتَابَةَ الجُمَلِ ٱلتَّالِيَةِ بَعْدَ إِضَافَةِ العِبَارَةِ : يَجِبُ أَنْ يَكُونَ وَلاَحِظُوا ٱلتَّغْيِيرَ ٱلَّذِي يَطْرَأُ عَلَى ٱلخَبَرِ، كَمَا فِي ٱلْمِثَالِ :

Following the given example, please rewrite the following sentences after adding the phrase: يَجِبُ أَنْ يَكُونَ before the original structure. Note in particular the change in case-ending that the predicate of the original sentence undergoes. This change is due to the presence of the verb *to be* :

اَلطَّعَامُ نَظِيفٌ . › يَجِبُ أَنْ يَكُونَ ٱلطَّعَامُ نَظِيفاً. (يَكُونَ\تَكُونَ)

١ - اَلْمَاءُ طَاهِرٌ . › ....

٢- اَلْمُسْلِمُ شُجَاعٌ . › ....

٣- اَلْمَدْرَسَةُ نَظِيفَةٌ . › ....

٤- اَلطَّعَامُ حَلاَلٌ . › ....

٥- اَلطَّالِبَةُ أَمِينَةٌ . › ....

٦- اَلاِنْسَانُ مُفَكِّرٌ . › ....

٧- اَلتِّلْمِيذَةُ نَشِيطَةٌ . › ....

٨- اَلْحَدِيقَةُ كَبِيرَةٌ . › ....

اَلتَّدْرِيبُ اَلْخَامِسُ : (مُرَاجَعَةٌ) : اِقْرَأُوا كُلَّ مَجْمُوعَةٍ مِنَ اَلْكَلِمَاتِ اَلتَّالِيَةِ وَحَاوِلُوا أَنْ تَتَذَكَّرُوا مَعْنَىٰ كُلِّ كَلِمَةٍ ثُمَّ اكْتُبُوا جِذْرَ اَلْمَجْمُوعَةِ اَلثُّلَاثِي فِي اَلْفَرَاغِ بَيْنَ اَلْقَوْسَيْنِ ، لَاحِظُوا اَلْمِثَالَ:

First, read each group of words, trying in the process to remember the meaning of each. Then write down on the space in parenthesis the three consonant-root of these words as in the given example :

تَشْرَبُونَ - اَلشُّرْبُ - اَلشَّرَابُ › (شرب)

* اَلأَكْلُ - تَأْكُلُونَ - أَكَلُوا › (   )
* دَرَسْتُمْ - دُرُوسُكُمْ - مَدْرَسَةٌ › (   )
* أَقْرَأُ - اَلْقِرَاءَةَ - اَلْقُرْآنُ › (   )
* اَلنَّظِيفُ - تَنْظِيفِ - اَلنَّظَافَةُ › (   )
* يَلْعَبُونَ - مَلْعَبٌ - لُعْبَةٌ › (   )
* ذَاهِبٌ - ذَهَبَ - تَذْهَبُونَ › (   )
* اَلْكِتَابَةَ - كِتَابٌ - مَكْتَبَةٌ › (   )
* مُسْلِمٌ - مُسْلِمَاتٌ - اَلإِسْلَامُ › (   )
* يَتَعَلَّمُ - اَلعِلْمَ - مُعَلِّمٌ › (   )
* هَاجَرَ - هِجْرَةٌ - مُهَاجِرُونَ › (   )
* مَطْعَمٌ - اَلطَّعَامِ - أَطْعَمَ › (   )

اَلتَّدْرِيبُ ٱلسَّادِسُ : (مُرَاجَعَةٌ) اِقْرَؤُوا ٱلتَّرَاكِيبَ ٱلأَصْطِلاَحِيَّةَ ٱلتَّالِيَةَ ، وَتَذَكَّرُوا مَعْنَاهَا ، ثُمَّ ٱكْتُبُوهَا فِي ٱلفَرَاغَاتِ تَحْتَهَا :

Read first the following idiomatic structures trying in the process to remember their meanings as well as their usage. Then, write them down on the dotted spaces underneath them :

* بِسْمِ ٱللَّهِ * اَلسَّلاَمُ عَلَيْكُمْ وَرَحْمَةُ ٱللَّهِ * وَعَلَيْكُمُ ٱلسَّلاَمُ *

.... *..* *..........................*

*مَرْحَبًا * أَهْلاً وَسَهلاً * كَيْفَ ٱلحَالُ ؟*بِخَيْرٍ ، اَلحَمْدُ لِلَّهِ *

.... *.....................* *.....................* *.................*

* مَعَ ٱلسَّلاَمَةِ * لاَ إِلَهَ إِلاَّ ٱللَّهُ * مُحَمَّدٌ رَسُولُ ٱللَّهِ *

.... *.........................* *.........................*

* عَلَيْهِ ٱلصَّلاَةُ وَٱلسَّلاَمُ * صَلَّىٰ ٱللَّهُ عَلَيْهِ وَسَلَّمَ *

.. *..*

* شُكْراً *جَزَاكَ ٱللَّهُ خَيْراً * عَفْواً *لاَ شُكْرَ عَلَىٰ وَاجِبٍ *

.... *..........* *.........................* *.................*

* إِنْ شَاءَ ٱللَّهُ * صَلاَةُ ٱلجُمُعَةِ * حَسَنًا * رَضِيَ ٱللَّهُ عَنْهُ *

.... *..............* *..........................* *......................*

* اَللَّهُ أَكْبَرُ * سُبْحَانَهُ وَتَعَالَىٰ * أَمِيرُ ٱلْمُؤْمِنِينَ *

.... *..........................* *......................*

* فِي سَبِيلِ ٱللَّهِ * اَلحَمْدُ لِلَّهِ * وَفَّقَكُمُ ٱللَّهُ * إِلَىٰ ٱللِّقَاءِ *

.... *.......................* *.......................* *..........................*

* * *

QUR'ANIC EXAMPLES .... تَطْبِيقَاتٌ قُرْآنِيَّةٌ

١- ﴿ ... يَأْكُلُ مِمَّا تَأْكُلُونَ مِنْهُ وَيَشْرَبُ مِمَّا تَشْرَبُونَ ﴾ (الْمُؤْمِنُون: ٣٣)

....

٢- ﴿ اَلْحَمْدُ لِلَّهِ الَّذِى خَلَقَ السَّمٰوٰتِ وَالأَرْضَ ... ﴾ (الأَنْعَامُ : ١)

....

❀ ❀ ❀

He eats .... يَأْكُلُ

From that which .... مِمَّا

You (plural) eat .... تَأْكُلُونَ

From it .... مِنْهُ

And he drinks .... وَيَشْرَبُ

From that which .... مِمَّا

You (plural) drink ...... تَشْرَبُونَ

The Praise .... اَلْحَمْدُ

To Allah .... لِلَّهِ

He Who .... الَّذِى

Created .... خَلَقَ

The Heavens .... السَّمٰوٰتِ

And the Earth .... وَالأَرْضَ

❋ ❋ ❋

Please follow the same instructions given in Lesson One, page 4 .

Please follow the same instructions given in Lesson 11, page 74 .

١- ﴿ ... فَتَوَكَّلْ عَلَى ٱللَّهِ إِنَّ ٱللَّهَ يُحِبُّ ٱلْمُتَوَكِّلِينَ ﴾ (آل عِمْرَان : ١٥٩)

....

٢- ﴿ ... وَٱللَّهُ يُحِبُّ ٱلصَّابِرِينَ ﴾ (آل عِمْرَان : ١٤٦)

....

٣- ﴿ ... فَإِنَّ ٱللَّهَ لَا يُحِبُّ ٱلْكَافِرِينَ ﴾ (آل عِمْرَان : ٣٢)

....

٤- ﴿ ... وَٱللَّهُ لَا يُحِبُّ ٱلظَّالِمِينَ ﴾ (آل عِمْرَان : ٥٧)

....

* * *

So, put your trust .... فَتَوَكَّلْ	For indeed .... فَإِنَّ
On, upon .... عَلَىٰ	Allah = God .... ٱللَّهَ
Indeed, surely .... إِنَّ	Does not, not .... لَا
(He) loves .... يُحِبُّ	Rejectors of Faith .... ٱلْكَافِرِينَ

Those who put their trust in Him .... ٱلْمُتَوَكِّلِينَ

Wrong doers, unjust .... ٱلظَّالِمِينَ

Those who are steadfast and patient .... ٱلصَّابِرِينَ

* * *

87

اَلدَّرْسُ ٱلرَّابِعَ عَشَرَ

اَلتَّدْرِيبُ ٱلأَوَّلُ : اِمْلَؤُوا ٱلفَرَاغَاتِ فِي ٱلجُمَلِ ٱلتَّالِيَةِ بِٱلكَلِمَةِ ٱلمُنَاسِبَةِ مِنْ بَيْنِ ٱلكَلِمَاتِ ٱلَّتِي بَيْنَ قَوْسَيْنِ :

Fill in the blanks in the following sentences with the appropriate word from among those given in parenthesis :

١- كَمْ .... فِي ٱلسَّنَةِ ؟ (شَهْرٌ \ شَهْراً \ شُهُوراً)

٢- كَمْ .... فِي ٱلشَّهْرِ ؟ (يَوْماً \ يَوْمٌ \ أَيَّامٌ)

٣- بَعْضُ ٱلشُّهُورِ فِيهَا .... يَوْماً . (ثَلاثِينَ \ ثَلاثُونَ \ عِشْرُونَ)

٤- فُصُولُ ٱلسَّنَةِ .... (أَرْبَعٌ \ أَرْبَعَةً \ أَرْبَعَةٌ)

٥- فِي كُلِّ فَصْلٍ ثَلاثَةُ .... (شَهْراً \ شَهْرٌ \ أَشْهُرٍ)

٦- اَلنَّهَارُ فِي ٱلصَّيْفِ .... مِنَ ٱلشِّتَاءِ . (طَوِيلٌ \ أَطْوَلُ \ أَقْصَرُ)

٧- فِي ٱلسَّنَةِ ثَلاثُمِائَةٍ وَخَمْسَةٌ وَسِتُّونَ .... (شَهْراً \ يَوْماً \ سَنَةً)

٩- اَللَّيْلُ فِي ٱلصَّيْفِ .... مِنَ ٱلشِّتَاءِ . (أَقْصَرُ \ أَطْوَلُ \ طَوِيلٌ)

٨- هَلْ .... اَللَّيْلُ وَٱلنَّهَارُ فِي كُلِّ أَيَّامِ ٱلسَّنَةِ ؟ (أَطْوَلُ \ أَقْصَرُ \ يَتَسَاوَىٰ)

اَلتَّدْرِيبُ ٱلثَّانِي : أَجِيبُوا كِتَابَةً عَنِ ٱلجُمَلِ ٱلتَّالِيَةِ بِـ " صَوَابٌ " أَمْ " خَطَأٌ " :

Read the following statements aloud first, then answer, in writing, using one of the above Arabic terms to indicate whether the statement is ***right*** or ***wrong*** :

١- فِي ٱلسَّنَةِ اثْنَا عَشَرَ شَهْراً . (   )

٢- فُصُولُ ٱلسَّنَةِ خَمْسَةٌ . (   )

٣- فِي كُلِّ فَصْلٍ أَرْبَعَةُ أَشْهُرٍ . (   )

٤- اَلنَّهَارُ فِي اَلصَّيْفِ أَطْوَلُ مِنَ اَلشِّتَاءِ . (   )

٥- اَللَّيْلُ فِي اَلصَّيْفِ أَقْصَرُ مِنَ اَلشِّتَاءِ . (   )

٦- فِي اَلسَّنَةِ ثَلاَثُمائَةٍ وَسِتُّونَ يَوْماً . (   )

٧- يَتَسَاوَىٰ اَللَّيْلُ وَاَلنَّهَارُ فِي كُلِّ أَيَّامِ اَلسَّنَةِ . (   )

اَلتَّدْرِيبُ اَلثَّالِثُ : صُوغُوا تَرَاكِيبَ اِسْتِفْهَامٍ تُنَاسِبُ اَلْجُمَلَ اَلأَخْبَارِيَّةَ اَلتَّالِيَةَ، كَمَا فِي اَلْمِثَالِ، وَاَكْتُبُوهَا فِي اَلْفَرَاغَاتِ بَعْدَ اَلسَّهْمِ :

Form appropriate <u>interrogative structures</u> (questions) to correspond to the following affirmative sentences ; write them down on the spaces after the arrows :

اِخْتَارُوا مِنْ هٰذِهِ اَلأَدَوَاتِ >>> كَمْ - هَلْ - مَا - ؟ Choose from these

فِي اَلسَّنَةِ أَرْبَعَةُ فُصُولٍ . > كَمْ <u>فَصْلاً</u> فِي اَلسَّنَةِ ؟

١- فِي اَلسَّنَةِ اثْنَا عَشَرَ شَهْراً . >

.... ؟

٢- فِي اَلشَّهْرِ ثَلاَثُونَ يَوْماً . >

.... ؟

٣- فِي كُلِّ فَصْلٍ ثَلاَثَةُ أَشْهُرٍ . >

.... ؟

٤- فِي اَلسَّنَةِ ثَلاَثُمائَةٍ وَخَمْسَةٌ وَسِتُّونَ يَوْماً . >

.... ؟

٥- لاَ يَتَسَاوَىٰ اَللَّيْلُ وَاَلنَّهَارُ فِي كُلِّ أَيَّامِ اَلسَّنَةِ . >

.... ؟

٦- نَعَمْ، اَلنَّهَارُ فِي اَلصَّيْفِ أَطْوَلُ مِنَ اَلشِّتَاءِ . >

.... ؟

اَلتَّدْرِيبُ ٱلرَّابِعُ : أُكْتُبُوا ٱلأَعْدَادَ ٱلرَّقَمِيَّةَ ٱلتَّالِيَةَ بِٱلحُرُوفِ وَٱلكَلِمَاتِ كَمَا فِي ٱلمِثَالِ :

Rewrite the following numbers in words as in the example :

١٢ شَهْراً ‹ إِثْنَا عَشَرَ شَهْراً .

* ٣٠ يَوْماً . ‹ ....
* ٣١ يَوْماً . ‹ ....
* ٢٨ يَوْماً . ‹ ....
* ٣ أَشْهُرٍ . ‹ ....
* ٣٦٥ يَوْماً . ‹ ....
* ٤ فُصُولٍ . ‹ ....
* ٥ كُتُبٍ . ‹ ....
* ٧ طُلَّابٍ . ‹ ....
* ٩ أَيَّامٍ . ‹ ....
* ١٠ أَنْهَارٍ . ‹ ....
* ٤٠ مَدْرَسَةً . ‹ ....
* ٥١ تِلْمِيذاً . ‹ ....
* ٦٥ كِتَاباً . ‹ ....
* ٧٠ سَاعَةً . ‹ ....
* ٨٧ بَيْتاً . ‹ ....
* ٩٣ مُسْلِماً . ‹ ....
* ٩٩ مَكْتَبَةً . ‹ ....
* ١٠٠ رَجُلٍ . ‹ ....
* ٤٤ أُسْبُوعاً . ‹ ....
* ٥٦ سَيَّارَةً . ‹ ....

اَلتَّدْرِيبُ ٱلخَامِسُ : صُوغُوا ٱسْمَ ٱلتَّفْضِيلِ مِنَ ٱلصِّفَةِ ٱلمَوْضُوعَةِ بَيْنَ قَوْسَيْنِ فِي نِهَايَةِ ٱلجُمْلَةِ ثُمَّ ٱكْتُبُوهُ فِي ٱلفَرَاغِ ٱلمُخَصَّصِ لَهُ :

Form the comparative form from the adjectives given in parenthesis at the end of the sentence, then write it down on the dotted space within the comparative structure:

١- اَلنَّهَارُ فِي ٱلصَّيْفِ .... مِنَ ٱلشِّتَاءِ . (طَوِيلٌ)

٢- اَللَّيْلُ فِي ٱلصَّيْفِ .... مِنَ ٱلشِّتَاءِ . (قَصِيرٌ)

٣- هَذِهِ ٱلسَّيَّارَةُ .... مِنْ تِلْكَ ٱلسَّيَّارَةِ . (جَمِيلَةٌ)

٤- اَلطَّائِرَةُ .... مِنَ ٱلقِطَارِ . (سَرِيعَةٌ)

٥- أَحْمَدُ .... مِنْ أُخْتِهِ مَرْيَمَ . (كَبِيرٌ)

٦- غُرْفَتِي .... مِنْ غُرْفَتِكَ . (نَظِيفَةٌ)

٧- هٰذَا ٱلطَّعَامُ .... مِنْ ذٰلِكَ ٱلطَّعَامِ . (طَيِّبٌ)

٨- مَدْرَسَتُكُمْ .... مِنْ مَدْرَسَتِنَا . (بَعِيدَةٌ)

اَلتَّدْرِيبُ ٱلسَّادِسُ : (مُرَاجَعَةٌ : تَنْوِينُ ٱلنَّصبِ نُطْقًا وَكِتَابَةً) : اُقْرَؤُوا ٱلجُمَلَ ٱلتَّالِيَةَ جَهْراً وَٱنْتَبِهُوا إِلَىٰ ٱلألِفِ ٱلمُضَافَةِ إِلَىٰ نِهَايَةِ ٱلكَلِمَةِ فِيمَا عَدَا ٱلكَلِمَاتِ ٱلمَخْتُومَةِ بِـ " ٱلتَّاءِ ٱلمَرْبُوطَةِ " :

(Review : The *tanwīn* in the accusative mode : pronunciation and writing).
Read the following sentences aloud, paying special attention to the " *'Alif* " added to the end of the nouns except those which end with " *tā' marbūṭah* " :

١- كَمْ شَهْراً فِي ٱلسَّنَةِ ؟ ‹‹ ›› لَيْسَتْ وِدَادُ طَالِبَةً .

٢- يُصْبِحُ مَنْظَرُ ٱلطَّبِيعَةِ جَمِيلاً فِي ٱلرَّبِيعِ . ‹‹ ›› أَصْبَحَتْ سَمِيرَةُ مُعَلِّمَةً مَشْهُورَةً .

٣- لَيْسَ ٱلطَّرِيقُ ضَيِّقًا حَتَّىٰ أُوَسِّعَ لَكَ . ‹‹ ›› كَمْ تِلْمِيذَةً جَدِيدَةً فِي ٱلصَّفِّ ؟

٤- أَصْبَحَ ٱلصَّبِيُّ قَائِداً عَظِيمًا وَرَجُلاً مَشْهُوراً . ‹‹ ›› اِشْتَرَىٰ أَبِي سَيَّارَةً جَمِيلَةً .

٥- لَسْتُ جَبَاناً حَتَّى أَهْرُبَ . ‹‹ ›› أَصْبَحَتْ سُعَادُ بِنْتاً لَطِيفَةً .

* * *

QUR'ANIC EXAMPLES .... تَطْبِيقَاتٌ قُرآنِيَّةٌ

١- ﴿ إِنَّ عِدَّةَ ٱلشُّهُورِ عِنْدَ ٱللَّهِ ٱثْنَا عَشَرَ شَهْراً فِى كِتَابِ ٱللَّهِ ... ﴾

(اَلتَّوْبَة : ٣٦)

....

٢- ﴿ وَهُوَ ٱلَّذِى خَلَقَ ٱلَّيْلَ وَٱلنَّهَارَ وَٱلشَّمْسَ وَٱلقَمَرَ ... ﴾ (اَلأنبِيَاء : ٣٣)

....

❀ ❀ ❀

(The) Book .... كِتَاب	Indeed, surely .... إِنَّ
And He (is) .... وَهُوَ	(The) number, count .... عِدَّةَ
Who .... اَلَّذِى = اَلَّذِي	The months .... اَلشُّهُورِ
Created .... خَلَقَ	In the sight of .... عِنْدَ
The night .... اَلَّيْلَ = اَللَّيْلَ	Allah .... اَللَّهِ
And the day .... وَٱلنَّهَارَ	Twelve .... اَثْنَا عَشَرَ
And the sun .... وَٱلشَّمْسَ	Month .... شَهْراً
And the moon .... وَٱلقَمَرَ	In .... فِى

✳ ✳ ✳

Please follow the same instructions given in Lesson One, page 4 .

Please follow the same instructions given in Lesson 11, page 74 .

١- ﴿ ... إِنَّ ٱللَّهَ يُحِبُّ ٱلْمُقْسِطِينَ ﴾ (ٱلْمَائِدَة : ٤٢)

....

٢- ﴿... إِنَّ ٱللَّهَ يُحِبُّ ٱلَّذِينَ يُقَاتِلُونَ فِى سَبِيلِهِ صَفّاً ...﴾ (ٱلصَّفّ : ٤)

....

٣- ﴿ ... إِنَّ ٱللَّهَ لاَ يُحِبُّ ٱلخَآئِنِينَ ﴾ (ٱلأنْفَال : ٥٨)

....

٤- ﴿ ... وَٱللَّهُ لاَ يُحِبُّ كُلَّ مُخْتَالٍ فَخُورٍ ﴾ (ٱلحَدِيد : ٢٣)

....

* * *

إِنَّ .... Indeed, verily, certainly

ٱللَّهَ .... Allah = God

يُحِبُّ .... (He) loves

لاَ .... Does not, not

ٱلخَآئِنِينَ .... The treacherous

كُلَّ .... Every

ٱلْمُقْسِطِينَ .... The just, who judge in equity

ٱلَّذِينَ .... Those who

مُخْتَالٍ .... Vainglorious

يُقَاتِلُونَ .... Fight, struggle

فَخُورٍ .... Boaster

فِى .... In

سَبِيلِهِ (سَبِيلِ + هِ) .... His Path, His Cause

صَفّاً .... In array, as one body

* * *

اَلدَّرْسُ الْخَامِسَ عَشَرَ

اَلتَّدْرِيبُ الْأَوَّلُ : اِخْتَارُوا مِنْ عِبَارَاتِ الْمَجْمُوعَةِ (ب) مَا يُنَاسِبُ لِتَكْوِينِ جُمَلٍ مُفِيدَةٍ مَعَ

عِبَارَاتِ الْمَجْمُوعَةِ (أ) :

Match the phrases from the left column with those that correspond to them from the
right column to form full meaningful sentences :

(ب)	(أ)
مُعْتَدِلاً وَتَتَفَتَّحُ الْأَزْهَارُ .	١- دَرَسْتُمْ فِي الدَّرْسِ الْمَاضِي ...
بَعْدَ أَشْهُرٍ طَوِيلَةٍ مِنَ الدِّرَاسَةِ .	٢- وَالْآنَ قُولُوا لِي : ...
فِي نُزُهَاتٍ إِلَى شَوَاطِىءِ الْبُحَيْرَاتِ .	٣- فَصْلِي الْمُفَضَّلُ هُوَ ...
كُلَّ فُصُولِ السَّنَةِ .	٤- فِي الرَّبِيعِ يَكُونُ الْجَوُّ ...
عَنِ السَّنَةِ وَفُصُولِهَا .	٥- وَيُصْبِحُ مَنْظَرُ الطَّبِيعَةِ جَمِيلاً ...
تَبْدَأُ الْعُطْلَةُ الصَّيْفِيَّةُ .	٦- أَنَا أُفَضِّلُ فَصْلَ الصَّيْفِ ...
فَالْجَوُّ فِي الصَّيْفِ دَافِىءٌ حَارٌّ .	٧- فِي الصَّيْفِ يَذْهَبُ الصِّغَارُ ...
دَافِىءٌ حَارٌّ .	٨- فِي الصَّيْفِ تَكْثُرُ ...
بَعْدَ بَرْدِ الشِّتَاءِ الْقَارِسِ .	٩- أَنَا فِي الْحَقِيقَةِ أُحِبُّ ...
مَا هُوَ فَصْلُكُمُ الْمُفَضَّلُ ؟	١٠- وَبَعْدَ عِدَّةِ أَيَّامٍ سَوْفَ ...
لِفَتْرَةٍ طَوِيلَةٍ فِي الصَّيْفِ .	١١- تُغْلِقُ الْمَدَارِسُ أَبْوَابَهَا ...
الْفَوَاكِهُ وَالْخُضْرَوَاتُ .	١٢- فِي الصَّيْفِ تَرْتَاحُونَ مِنَ الْمَدْرَسَةِ ...
فَصْلُ الرَّبِيعِ .	١٣- اَلْجَوُّ فِي الصَّيْفِ ...

اَلتَّدْرِيبُ ٱلثَّانِي : اِخْتَارُوا ٱلتَّصْرِيفَ ٱلْمُنَاسِبَ مِنْ فِعْلِ ٱلأَمْرِ (قُلْ) بِمَا يَتَنَاسَبُ مَعَ ٱلضَّمِيرِ ٱلْمَوْجُودِ بَيْنَ قَوْسَيْنِ فِي نِهَايَةِ ٱلْجُمْلَةِ ، ثُمَّ ٱكْتُبُوهُ فِي ٱلْفَرَاغِ ٱلْمُخَصَّصِ لِذٰلِكَ :

Fill in the blanks with the correct conjugation of the command verb (قُلْ) which corresponds to the pronoun given in parenthesis at the end of the sentence:

١- .... لِي مَا هُوَ فَصْلُكُمُ ٱلْمُفَضَّلُ ؟ (أَنْتُمْ)

٢- .... لِلْمُعَلِّمَةِ مَاذَا تَعْرِفُ عَنْ فُصُولِ ٱلسَّنَةِ . (أَنْتَ)

٣- .... لَهُمْ إِنَّ ٱللَّهَ يَرَانَا . (أَنْتَ)

٤- .... لِي أَيْنَ كُنْتِ أَمْس ؟ (أَنْتِ)

٥- .... لِي أَيْنَ تَذْهَبُونَ ؟ (أَنْتُمْ)

٦- .... لَنَا مِنْ أَيْنَ أَنْتَ ؟ (أَنْتَ)

٧- .... لَنَا مَاذَا شَاهَدْتِ فِي ٱلْحَدِيقَةِ ؟ (أَنْتِ)

اَلتَّدْرِيبُ ٱلثَّالِثُ : اِمْلَؤُوا ٱلْفَرَاغَاتِ فِي ٱلْجُمَلِ ٱلتَّالِيَةِ بِٱلْفِعْلِ ٱلْمُنَاسِبِ مِنْ بَيْنِ ٱلأَفْعَالِ ٱلْمَوْجُودَةِ بَيْنَ قَوْسَيْنِ فِي نِهَايَةِ ٱلْجُمْلَةِ :

Select the correct verb from among those in parenthesis to fill in the blanks in the following sentences :

١- فِي ٱلصَّيْفِ .... ٱلْجَوُّ مُعْتَدِلاً . (تَكْثُرُ \ تُورِقُ \ يَكُونُ)

٢- .... مَنْظَرُ ٱلطَّبِيعَةِ جَمِيلاً فِي ٱلصَّيْفِ . (يُصْبِحُ \ تَتَفَتَّحُ \ تَكْثُرُ)

٣- فِي ٱلرَّبِيعِ .... ٱلأَزْهَارُ . (يَذْهَبُ \ تَتَفَتَّحُ \ يُصْبِحُ)

٤- فِي ٱلصَّيْفِ .... ٱلْفَوَاكِهُ وَٱلْخُضْرَوَاتُ . (يُصْبِحُ \ تَتَفَتَّحُ \ تَكْثُرُ)

٥- أَنَا .... فَصْلَ ٱلرَّبِيعِ . (يَكُونُ \ أُفَضِّلُ \ يَذْهَبُ)

٦-وبَعْدَ عِدَّةِ أَيَّامٍ سوْفَ.................. ٱلعُطْلَةُ ٱلصَّيْفِيَّةُ . (تُغْلَقُ\ تَذْهَبُ \ تَبْدَأُ)

٧-.................... ٱلأَشْجَارُ فِي فَصْلِ ٱلرَّبِيعِ . (تُغْلَقُ \ تُورِقُ \ يُصْبِحُ)

٨-.................. ٱلْمَدَارِسُ أَبْوَابَهَا فِي فَصْلِ ٱلصَّيْفِ . (يَذْهَبُ \ تُغْلِقُ \ تُحِبُّونَ)

اَلتَّدْرِيبُ ٱلرَّابِعُ : أَوَّلاً ، اِقْرَؤُوا ٱلجُمَلَ ٱلتَّالِيَةَ جَهْراً ثُمَّ أَجِيبُوا عَنْهَا بِ (صَوَابٌ) أَمْ (خَطَأٌ) :

Read the following statements aloud first, then answer orally and in writing using one of the above Arabic terms to indicate whether the statement is right or wrong :

١- فِي ٱلرَّبِيعِ لاَ يَكُونُ ٱلجَوُّ مُعْتَدِلاً . ( )

٢- اَلجَوُّ فِي ٱلصَّيْفِ دَافِىءٌ حَارٌّ . ( )

٣- تَكْثُرُ ٱلفَوَاكِهُ وَٱلخُضْرَوَاتُ فِي فَصْلِ ٱلشِّتَاءِ . ( )

٤- تَتَفَتَّحُ ٱلأَزْهَارُ وَتُورِقُ ٱلأَشْجَارُ فِي فَصْلِ ٱلخَرِيفِ . ( )

٥- فِي ٱلصَّيْفِ يَذْهَبُ ٱلصِّغَارُ فِي نُزُهَاتٍ إِلَى ٱلحَدَائِقِ ٱلعَامَّةِ . ( )

٦- نَحْنُ ٱلآنَ فِي فَصْلِ ٱلشِّتَاءِ . ( )

٧- كُلُّكُمْ تُحِبُّونَ ٱلعُطْلَةَ ٱلصَّيْفِيَّةَ . ( )

٨- كُلُّكُمْ تُحِبُّونَ بَرْدَ ٱلشِّتَاءِ ٱلقَارِسَ . ( )

اَلتَّدْرِيبُ ٱلخَامِسُ : اِقْرَؤُوا ٱلجُمَلَ ٱلتَّالِيَةَ وَٱنْتَبِهُوا إِلَى نُطْقِ ٱلهَمْزَةِ وَكُرْسِيِّهَا فِي ٱلكَلِمَاتِ ٱلَّتِي تَحْتَهَا خَطٌّ :

Read the following sentences paying special attention to the pronunciation of the *Hamzah* and its seat in the underlined words :

١- اَلجَوُّ فِي ٱلصَّيْفِ دَافِىءٌ حَارٌّ .

٢- يُصْبِحُ ٱلجَوُّ مُعْتَدِلاً بَعْدَ بَرْدِ ٱلشِّتَاءِ ٱلقَارِسِ .

٣- فِي ٱلصَّيْفِ يَذْهَبُ ٱلصِّغَارُ مَعَ عَائِلاتِهِمْ إِلَى شَوَاطِئِ ٱلْأَنْهَارِ وَٱلْحَدَائِقِ .

٤- هَذِهِ فِكْرَةٌ رَائِعَةٌ .

٥- وَبَعْدَ عِدَّةِ أَيَّامٍ سَوْفَ تَبْدَأُ ٱلْعُطْلَةُ ٱلصَّيْفِيَّةُ .

٦- أَيُّهَا ٱلطُّلاَّبُ ٱلْأَعِزَّاءُ !

٧- إِنْ شَاءَ ٱللَّهُ !

ٱلتَّدْرِيبُ ٱلسَّادِسُ : (مُرَاجَعَةٌ) : ٱلتَّمْيِيزُ بَيْنَ ٱلضَّمِيرِ ٱلْمُتَّصِلِ لِمُذَكَّرِ ٱلْمُفْرَدِ ٱلْغَائِبِ وَٱلتَّاءِ ٱلْمَرْبُوطَةِ - نُطْقًا وَكِتَابَةً (ﻪ - ﻪ \ ة - ة) : اقْرَأُوا كُلَّ جُمْلَتَيْنِ مُتَقَابِلَتَيْنِ قِرَاءَةً جَهْرِيَّةً وَٱنْتَبِهُوا بِصِفَةٍ خَاصَّةٍ إِلَى وُجُودِ ٱلضَّمِيرِ ٱلْمُتَّصِلِ لِلْمُفْرَدِ ٱلْغَائِبِ فِي جُمَلِ ٱلْقَائِمَةِ عَلَى ٱلْيَمِينِ وَوُجُودِ ٱلتَّاءِ ٱلْمَرْبُوطَةِ فِي جُمَلِ ٱلْقَائِمَةِ عَلَى ٱلْيَسَارِ :

(Review : Distinguishing the writing and pronunciation of the suffixed pronoun for third person masculine singular (ﻪ - ﻪ) and the *tā' marbūṭah* (ة - ة).

<u>Read aloud</u> the following pairs of sentences, paying special attention to the presence of the <u>suffixed pronoun</u> in the sentences of the right column and the presence of the " *tā' marbūṭah* " in the sentences of the left column :

✳ فَصْلُهُ ٱلْمُفَضَّلُ هُوَ فَصْلُ ٱلرَّبِيعِ .	✳ فُصُولُ ٱلسَّنَةِ أَرْبَعَةٌ .
✳ دَخَلَ ٱلرَّسُولُ (ص) وَصَاحِبُهُ غَارَ ثَوْرٍ .	✳ تَبْدَأُ ٱلْعُطْلَةُ ٱلصَّيْفِيَّةُ بَعْدَ عَشَرَةِ أَيَّامٍ .
✳ وَكَانَ مَعَهُ صَدِيقُهُ أَبُو بَكْرٍ .	✳ هِجْرَةُ ٱلرَّسُولِ (ص) إِلَى ٱلْمَدِينَةِ .
✳ نَسْتَمِعُ إِلَيْهِ وَنَفْهَمُ مِنْهُ مَا يُرِيدُ .	✳ إِذَا أَخْطَأْتُ مَرَّةً أَقُولُ: أَنَا آسِفَةٌ .
✳ هَذِهِ سَيَّارَتُهُ وَتِلْكَ سَيَّارَةُ أُخْتِهِ .	✳ سُرَّ ٱلْخَلِيفَةُ مِنْ شَجَاعَةِ ٱلْوَلَدِ .
✳ يَغْسِلُ يَدَيْهِ قَبْلَ ٱلْأَكْلِ وَبَعْدَهُ .	✳ كَثْرَةُ ٱلطَّعَامِ قَدْ تَضُرُّ بِٱلصِّحَّةِ .

QUR'ANIC EXAMPLES .... تَطْبِيقَاتٌ قُرْآنِيَّةٌ

١- ﴿ ... وَسَخَّرَ لَكُمُ ٱلْفُلْكَ لِتَجْرِىَ فِى ٱلْبَحْرِ بِأَمْرِهِ وَسَخَّرَ لَكُمُ ٱلْأَنْهَـٰرَ ﴾

(إِبْرَاهِيم : ٣٢)

....

٢- ﴿ إِيلَافِهِمْ رِحْلَةَ ٱلشِّتَآءِ وَٱلصَّيْفِ ﴾ (قُرَيْش : ٢)

....

* * *

And He made subject .... وَسَخَّرَ

To you .... لَكُمُ

The ships .... ٱلْفُلْكَ

That they may sail .... لِتَجْرِىَ

In , through .... فِى = فِي

The sea .... ٱلْبَحْرِ

The rivers ....ٱلأَنْهَار = ٱلْأَنْهَـٰرَ

Their familiarity (with) ....إِيلَافِهِمْ

The journey (of) .... رِحْلَةَ

Winter .... ٱلشِّتَآءِ

And summer .... وَٱلصَّيْفِ

* * *

By His Command .... بِأَمْرِهِ

* * *

Please follow the same instructions given in Lesson One , page 4 .

Please follow the same instructions given in Lesson 11, page 74 .

١- ﴿ ... وَٱللَّهُ يُحِبُّ ٱلْمُطَّهِّرِينَ ﴾ (ٱلتَّوْبَة : ١٠٨)

....

٢- ﴿ ... إِنَّ ٱللَّهَ يُحِبُّ ٱلْمُتَّقِينَ ﴾ (ٱلتَّوْبَة : ٤)

....

٣- ﴿ ... إِنَّ ٱللَّهَ لَا يُحِبُّ ٱلْمُسْتَكْبِرِينَ ﴾ (ٱلنَّحْل : ٢٣)

....

٤- ﴿ ... وَلَا تُسْرِفُوا إِنَّهُ لَا يُحِبُّ ٱلْمُسْرِفِينَ ﴾ (ٱلْأَنْعَام : ١٤١)

....

* * *

Does not .... لَا	And Allah (God) .... وَٱللَّهُ
The arrogant .... ٱلْمُسْتَكْبِرِينَ	(He) loves .... يُحِبُّ
And do not .... وَلَا	Who purify themselves ....ٱلْمُطَّهِّرِينَ
Waste by excess .... تُسْرِفُوا	Indeed, surely, verily .... إِنَّ
Indeed He (Allah) .... إِنَّهُ	Allah (God) .... ٱللَّهَ
The wasters .... ٱلْمُسْرِفِينَ	The righteous .... ٱلْمُتَّقِينَ

* * *

END OF WORKBOOK   نهاية كتاب التّدريبات